SABIDURÍA DEL GUERRERO DE LA LUZ

SABIDURÍA DEL GUERRERO DE LA LUZ

Guy-Noël AUBRY

© 2020, Guy-Noël AUBRY

Édition : BoD – Books on Demand
12/14 rond-point des Champs-Élysées, 75008 Paris
Impression : BoD - Books on Demand, Norderstedt, Allemagne
ISBN : 9782322272051
Dépôt légal : Janvier 2021

Este libro está dedicado a todos los valientes hombres y mujeres que caminan por esta tierra con un profundo deseo de ser fieles a sí mismos y al mundo, de hacer el bien y estar en paz con ellos mismos.

La lucha comienza dentro de uno mismo...

Prólogo

Este libro es un homenaje al libro Manual del Guerrero de la Luz de Paulo Coelho. Leí este libro cuando era joven y realmente aprecié la grandeza del alma que emanaba del Guerrero.

Las experiencias de la vida, las largas meditaciones y el estudio me llevaron a encontrar mi propio camino y a tener una visión a veces diferente de la que tenía de joven. Y aunque en general estoy de acuerdo con lo que dijo el guerrero, creo que otra luz de sabiduría que brille en este mundo será bienvenida.

Otra perla encontrada en el océano de nuestros corazones, expuesta a la vista de los hombres (que buscan la sabiduría) y vertida en el tesoro de la sabiduría de la humanidad, es algo bueno.

Por lo tanto, no hay muchos más guerreros de la luz en este mundo y se necesitan muchos más.

La mayoría de las historias de este inspirador, divertido o intrigante libro son inéditas. Algunas, sin embargo, aunque conocidas por unos pocos, han sido reimpresas por su belleza y riqueza.

En una primera lectura, el lector puede encontrar una cierta forma de desorden. Este desorden es la imagen de una vida de aventuras cuando uno es un Guerrero de la Luz.

Por lo tanto, el lector no se debe molestar por buscar un orden particular en estas historias. No hay ninguna conexión entre ellas excepto la primera, la última y la penúltima.

En mi intención fraternal, he concebido esta colección de historias y la presento, como un amigo que ofrece a otro una caja de dulces cuyo fondo no puede ver y le pide que meta la mano en ella al azar, confiando en él. Cuando mete la mano, a veces coge un chocolate, a veces un caramelo, o un turrón o algo más...

Finalmente, este libro es metafórico. El poder de un libro depende más de quién lo lee que de quién lo escribe.

El sabio puede obtener su sustancia de pocas cosas, mientras que el ignorante ante la abundancia puede permanecer hambriento.

Para que un libro instruya, mejore y penetre en un lector, éste debe tener algún dominio del material que contiene, o al menos un deseo de dominarlo.

La espada del guerrero, por ejemplo, es su mayor talento. Para uno será enseñar, para otro curar o cuidar a otros, otro aun tendrá la fácil alegría de poder compartir...

El escudo es su habilidad para recibir un golpe, su resistencia. Los zapatos del guerrero son su asiento en el suelo y por lo tanto sus principios de vida, los valores en los que cree y por los que lucha. Pueden ser familia, amor, justicia, Dios, paz, sabiduría... Las batallas que él libera no son todas físicas, pueden ser emocionales o espirituales.

De todo lo anterior, el lector puede deducir que no basta con leer este libro en el primer nivel para beneficiarse de él, sino que se beneficiará más al leerlo en tres niveles.

El nivel descriptivo, el nivel metafórico y el nivel implícito (es decir, cómo implementar esta idea o concepto en mi vida).

Lo más beneficioso para el lector son los puentes que construirá entre lo que lee y su vida concreta.

El objetivo final del conocimiento no es ser acumulado, sino ser liberado y utilizado para provocar una evolución, una transformación; este es el objetivo final del co-nacimiento.

Nota adicional:

Si al principio tenía en mente un libro para adultos, varias personas que participaron en su enriquecimiento y corrección lo encontraron muy interesante para los adolescentes, e incluso para los niños.

Sólo sería necesario que los padres acompañaran a los más jóvenes y les ayudaran a entender la moraleja de cada historia. Así podrán sacar una lección de ello para las situaciones que enfrentarán en su vida diaria (familia y escuela).

Con los adolescentes, en particular, este libro puede ser un apoyo para las discusiones entre padres y adolescentes. Serviría entonces como interfaz desde la cual intercambiar sobre situaciones problemáticas, que de otra manera sería más difícil de iniciar.

No había pensado en eso, pero creo que es una gran idea. Por lo tanto, me complace dedicar este libro también a los niños y jóvenes que desean ser como el Guerrero de la Luz, ya sean niños o niñas; porque la valentía, la grandeza de espíritu y la inteligencia no son prerrogativas de uno u otro, sino que pertenecen a ambos.

También dedico este libro a los niños, a los jóvenes y a aquellos que desean ser como el Guerrero de la Luz.

Buenas y bellas lecturas, bellas meditaciones y bellas discusiones...

Te veré pronto,
      Guy-Noël AUBRY

Introducción

El mayor libro de la Sabiduría del mundo está abierto ante los ojos de todos los hombres. Fue escrito por el más grande de los sabios, Dios.

Los hombres, los árboles, los animales, las innumerables situaciones que contiene son todas frases y párrafos reunidos ante él. Aquel que no ha ejercido suficientemente su inteligencia no entiende estas cosas. No entiende que todo está allí expuesto ante sus ojos y que las situaciones que se desarrollan allí son tantas lecciones de sabiduría.

Pocos empiezan a entender este libro, y aún menos perseveran en su estudio, ya que casi todos están ocupados. Corren tras el tiempo, corren tras el dinero, corren tras los honores, corren sin cesar... sin entender que su carrera está perdida de antemano... Así se pasan toda la vida corriendo hasta que su fuerza los abandona... Los que son verdaderamente poderosos son dueños de su tiempo...

Por el contrario, el que ha ejercitado su corazón para liberarse de preocupaciones y miedos se ha convertido en dueño de sí mismo. Cruza esta Tierra como se cruza un jardín. Admirable jardín que este. El ojo inocente y cándido lo percibe en su pureza. Escucha una maravillosa melodía que sólo un oído atento percibe y comprende. Con su espíritu liberado, abraza la inmensidad del mundo y su diversidad. Entra en armonía con el mundo y la naturaleza. Entiende el río que canta así como el que llora sin decir una palabra. Él entiende la Obra como un todo, está en paz.

Y mientras descansa en paz, su alma en paz, una melodía llega a sus oídos; una voz le susurra: muestra el camino a tus hermanos...

sed pues
prudentes como serpientes,
y
sencillos
como
palomas

(S. Mateo 10,16)

1) Luchar con el Maestro o la necesidad de enfrentar los propios miedos.

- *Venga inmediatamente*, ordena el Maestro. *Toma tu espada y tu equipo de combate.*

Un maestro ha entrenado al guerrero. Durante tres largos años, le enseñó todos sus trucos. Ahora ofrece al Guerrero de la Luz una última pelea, ¡una pelea a muerte!

El guerrero recuerda lo fuerte que pensaba que era en su primer día y cómo el maestro pudo haberlo matado 100 veces cuando se encontraron por primera vez.

- Me niego, dice el guerrero, corro el riesgo de que me mates.
- ¡El hombre que solías ser ya no existe! Y el hombre que serás no lo eres todavía... Nunca lo serás si no enfrentas tus miedos.

El guerrero reflexiona y piensa que el maestro podría haberlo matado fácilmente mientras dormía la noche anterior si esa era su intención.

La batalla comienza tensa, incierta. Los golpes se multiplican. Llueven rápidos y sorprendentemente. Con un salto, tan rápido como el de la Cobra, el maestro está a su izquierda, el guerrero detiene el ataque in extremis. Con una rotación, ahora está a su derecha, el guerrero con un rápido deslizamiento, sale del eje de ataque, aprovecha esta breve pausa en el movimiento del oponente, aprovecha la pequeña abertura de la guardia del oponente y lo hiere en la mano, la espada cae.

El que antes le enseñó todo sobre el arte del combate está ahora a su merced. ¡Por fin, el guerrero se lo cree!

¡Sorpresa! El maestro saca de su pectoral una espada más corta que se adapta mejor al combate cuerpo a cuerpo.

Ahora depende del Guerrero estar en problemas. No esperaba tal recurso. Aquí está cargado con su espada que se ha vuelto demasiado larga. Se retira, su oponente lo persigue, su espada le falla en la mejilla izquierda, y luego en la derecha.

El guerrero es incapaz de colocar su espada entre él y el asaltante a tan corta distancia. Sabe que su amo es diestro y que es menos hábil y menos fuerte con su mano izquierda, la que sostiene la pequeña espada, pero parece tan hábil como antes. El guerrero entiende, es la energía de la desesperación.

Sin pensarlo, golpea el pie del maestro con la punta de la espada. Esta táctica inesperada sorprende al maestro, que es mucho más lento en sus movimientos. El guerrero salta a un lado y pica el otro pie, el maestro se derrumba, herido.

- *¡Has ganado!* dijo el que una vez fue más fuerte que él. *Escoge, pues, la vida, y con ella el camino del bien. ¡Déjame vivir y enseñar donde no estarás!*

- *Aquí está tu dominio*, respondió el nuevo Maestro. Iré a otro lugar.

Y se fue. [1]

---

[1] Esta historia es comentada y explicada en detalle en la segunda parte del libro.

2) El fuego encendido por los niños o cómo llevar a cabo cualquier proyecto con entusiasmo, medida y perseverancia.

El Guerrero de la Luz observa a los niños encender un fuego. Todos están felices con sus poderes: algunos ponen ramitas, otros hojas de papel, algunos añaden piedras alrededor, otro lanza un cubo inflamable y el fuego está listo.

Se unen para lanzar los fósforos ardientes. Eso es, el fuego ha comenzado, las primeras chispas salen, luego las primeras llamas. Están haciendo rondas y dando vueltas alrededor del fuego; se marean.

Llevados por su alegría, algunos cargan el fuego naciente con pesados troncos, y el pequeño fuego que acababa de nacer se apaga y muere.

El guerrero entiende que se necesitan muchas cosas para encender un fuego.

A veces se necesita mucho tiempo y energía para establecer proyectos, hábitos, relaciones...

Muchas cosas funcionan así...

Y tan pronto como empiezas, quieres hacer demasiado, así que todo se derrumba, se apaga y muere. Terminas con tristeza y decepción y fracaso...

Mejor hacer crecer el fuego primero... [2]

---

[2] El subtítulo de la historia adquiere su pleno significado al leer las explicaciones de la segunda parte del libro.

3) Fuerza de convicción y belleza

El Guerrero de la Luz está caminando por un hermoso bosque. ¡Es pequeño, pero tan hermoso!

Y hoy hay una gran agitación, todo está alterado... Un ejército de excavadores, bulldozers y leñadores diezman metódicamente los árboles sin piedad. ¡No quieren dejar ni uno solo!

- *¡Qué está haciendo!* Arroja el Guerrero al que parece ser el líder de estas operaciones.

- *Tenemos órdenes de cortar todos los árboles sin excepción. Una urbanización debe surgir pronto aquí.*

Y ahora las motosierras están arrancando de nuevo. Están cortando el corazón de las coníferas. Los más fuertes son derribados por la armada de toros.

Algunos, sin embargo, se resisten valientemente, tienen raíces profundas y se aferran con convicción. Las máquinas echan humo, chillan, pero los árboles aguantan.

El guerrero entiende que es lo mismo para los hombres. Es la fuerza de sus convicciones lo que les permite aguantar ante la adversidad.

El trabajo se detiene para evaluar la situación. Llaman al promotor. Ahí va. Observa el progreso de la obra.

- ¿Por qué algunos árboles siguen en pie?

El jefe de obras le explica que hay un gran riesgo de rotura. El promotor ordena que se cambie la distribución de las casas para evitar pérdidas financieras.

- Y este, dice el promotor, señalándolo, *no parece tan fuerte como los otros.*

- Vamos, responde el responsable, *lo entenderás por ti mismo.*

Al acercarse, el promotor se da cuenta de que está cubierto de miríadas y miríadas de pequeñas y magníficas flores que perfuman el aire con una fragancia indefinible, y contempla los pájaros que cantan delicadamente bajo sus ramas, como si estuvieran hechizados por su olor.

- *Déjalo también*, concluye el soñador promotor, *pon la casa de mi hija delante de él, para que pueda seguir admirándolo cuando venga a verla.*

El guerrero entiende que la belleza es también una fuerza...

4) ¿Ser o parecer?

El Guerrero de la Luz no intenta parecer más de lo que es, ni menos. Sabe que eso no es lo que le hará mejorar.

No intenta parecer, intenta ser, y eso absorbe toda su energía. Sus amigos le dicen: *¡Ven y mira lo que estamos viendo!*

No los escucha, no los sigue. Así que se alejan de él, porque no es lo suficientemente brillante y resplandeciente en sus ojos.

El guerrero sabe que un circón bien tallado puede parecer a muchos como un hermoso diamante, pero no al experto.

Es por eso que el guerrero permanece fiel a sí mismo.

Prefiere ser amado por unos pocos por lo que es, antes que por muchos por lo que no es.

5) El Gato y los pajarillos o cómo elegir la estrategia correcta

El nido del mirlo cayó de la rama baja de un naranjo. Ahí están los dos pajaritos en el suelo recuperándose de su caída. El más fuerte de los dos está gritando; está esperando a su madre.

El otro, mareado por su caída y asustado, corre a refugiarse en la hierba alta cerca del tronco del árbol.

El gato, alertado por toda esta conmoción, llega antes que nadie. Con pasos apagados, se acerca y ve la ganancia inesperada. Saca sus garras, y con un salto, aquí está sobre el que antes vociferaba. Se lo traga todo de una vez sin más.

El segundo, inmóvil, contiene la respiración. El gato busca por un momento, se da vuelta y regresa oliendo a otra presa, pero no la encuentra y se va.

El guerrero aprende una lección. A veces la mejor estrategia de lucha no es pedir refuerzos, sino ser invisible para el enemigo...

6) A veces tienes que guardar tus secretos

El Guerrero de la Luz enseña a los demás lo que sabe. Las voces le susurran: guarda estos secretos para ti, te beneficiarás de ellos.

Otras le dicen de nuevo: *elige bien con quién te reúnes y a quién le abres tu corazón.*

El guerrero recuerda que Jesús no le dijo todo a todos, sino que reveló sus mayores secretos a sus amigos íntimos Pedro, Santiago y Juan.

Así que el guerrero escucha la voz de la sabiduría, no difunde su conocimiento.

Por eso cuando se le hace una pregunta, a veces responde y otras veces no. Se mantiene en silencio y sonríe.

Y cuando insistimos, simplemente dice:
Aún no ha llegado el momento...

7) Elegir los oponentes adecuados

El guerrero de la luz sabe que para ganar muchas batallas, uno debe elegir cuidadosamente sus compañeros de aprendizaje y entrenamiento.

Un oponente demasiado débil no lo hará progresar. Un oponente demasiado fuerte podría herirlo o desanimarlo.

Por eso el guerrero prefiere elegir oponentes que estén a su alcance, pero un poco más fuertes que él. Así, lucha lo mejor que puede y progresa.

A veces el guerrero pierde, pero para una derrota, cuenta dos o tres victorias.

- *¡Cómo suele perder!* dicen los que lo espían.

Pero el guerrero sabe que esta es la proporción correcta, la que le permite progresar más rápido y que lo salvará cuando la lucha sea real.

8) La intimidad lleva a la simplicidad

El guerrero de la luz sabe que todo es complicado antes de ser simple. Un bebé tarda un año en pronunciar sus primeras palabras y dos años para una simple frase. Ahora que es mayor, es un juego para él.

Así que si una situación le parece confusa o complicada al Guerrero, es porque aún no ha pasado suficiente tiempo en su compañía, por lo que todavía se resiste a su análisis o a su intuición.

Para conocerla bien, habla con ella, como se habla con un amigo, y la observa desde muchos ángulos, como se observa una obra de arte. Cuando se conozcan mejor, todo será sencillo.

Así es como Arquímedes procedió. Se llevó su problema a todas partes: ¿cómo podía saber si la corona del rey estaba hecha de oro puro sin tocar su integridad?
Parecía imposible, pero Arquímedes lo descubrió llevándose su problema a la bañera.

9) La reina en el ajedrez o tienes que conocer tu principal arma en la vida

El Guerrero de la Luz se sienta a la sombra de un árbol en un gran parque. A lo lejos los niños juegan a la pelota, más cerca un padre enseña a su hijo ajedrez.

El guerrero presta atención a lo que dice:

- *La Reina es la pieza más poderosa del juego. Ella es tu carta de triunfo. Así que el enemigo tarde o temprano tratará de atacarla.*

Si la pierdes, estarás en un gran problema. Protégela bien. Te enseñaré cómo.

El guerrero piensa y se pregunta cuál es su principal arma...

Ahora sabe lo que debe proteger y defender.

10) El amor y el manejo de la espada

El guerrero de la luz tiene un corazón para vivir y para amar.

Nunca sale sin haberlo inflado con pensamientos benévolos, este es su entrenamiento amoroso. Este ejercicio precede al entrenamiento de espada y arco.

El guerrero ha notado que su eficiencia en el manejo de las armas está íntimamente ligada a su nivel de amor.

Cuanto más enamorado está, más se vuelve uno con su espada.

Y lo mismo ocurre con su arco. Cuanto menos juzga, más precisa es la dirección de su flecha.

La rigidez del corazón está relacionada con la rigidez del cuerpo.

11) La flor - la abeja y la estrella o por qué no se debe recoger una flor innecesariamente

El Guerrero de la Luz está caminando por el bosque. En el giro de un claro, ve una familia que parece feliz. Su corazón se regocija en esta aparente armonía.

El niño se divierte empujando su globo por la pendiente el cual se le viene encima sin cesar, lo disfruta. A veces lo echa de menos y su padre detrás de él se lo devuelve.

La niña mayor está mostrando una bonita flor a su madre.

- *¡Mamá, mira qué bonita es!* Voy a recogerla para ti.

Y la niña, feliz de complacer a su amada madre, la recoge y se la pone en el pelo. Ahí están, todos felices y riendo.

La tarde pasa y en su camino de regreso el guerrero encuentra a la familia que aún está allí y que está a punto de irse.

- *¡Ven, le dice el padre a su hijo!*

Pero no le escucha. Recuerda la flor que su hermana recogió para su madre y él también quiere coger una, pero una mucho más grande.

- *Vamos, querido*, insiste a su vez la madre. *Deja la flor, está allí con sus amigas.*
- El Padre vuelve a pedirle más severamente, *deja la flor y ven a ayudarnos.*

Pero el niño no puede oír nada. ¡Hala con todas sus fuerzas y cataplum! Un trozo del tocón en el que había crecido la flor va con ella. Y ahora se descubre la colmena que se había refugiado en el árbol muerto.

Las abejas se abalanzan sobre el asaltante. Es el pánico. El padre corre hacia el hijo que llora y no sabe qué hacer y se lo lleva con una ráfaga de aguijones.

El que elige innecesariamente una flor perturba una estrella; rompe la armonía de la vida. *¡La abeja vigila la estrella!*

La vida nos da señales y advertencias, pero no todos las entienden, así que van en aumento. A veces es sólo cuando nos picamos que comprendemos que es mejor escuchar.

12) Los problemas son oportunidades de crecimiento

El Guerrero de la Luz sabe que muchos pueblos han vagado y perdido su camino por falta de conocimiento. Por eso cada día busca aprender una verdad eterna y una verdad temporal.

Se le ha dado una inteligencia y como una espada, debe ser afilada cada día en la gran piedra del molino de la vida que gira sin parar.

Los problemas que surgen hoy en día son oportunidades de crecimiento, son sus maestros del día.

Están ordenados para su progreso y en proporción a su crecimiento.

Están ahí para que aprenda y desarrolle su inteligencia.

Lejos de luchar contra ellos, los bendice como un regalo que la vida le da para crecer.

13) Semilla y cosecha - Una invitación a la paciencia

El guerrero de la luz sabe que hay un lapso de tiempo entre la siembra de la semilla y la cosecha.

No por mucho madrugar amanece más temprano.

La semilla que explota bajo tierra no revela el joven brote hasta unos días después de este evento decisivo.

A veces los resultados parecen tardar en llegar, pero el hecho de que no puedas ver nada no significa que no esté pasando nada. Esta es la ley de la naturaleza y se aplica a todo.

El esfuerzo es una virtud, al igual que la paciencia.

14) Preparar una lámpara cuando sea de día - Invitación a la acción.

Quien quiera ir a pescar debe preparar sus redes.

Quien quiera cazar debe revisar su arco y flecha.

Si quiere luz durante la noche, debe preparar un suministro suficiente de aceite y una lámpara mientras el día aún esté allí. ¡Después de eso será demasiado tarde!

La paciencia es una virtud, al igual que el esfuerzo.

15) El laberinto

El guerrero de la luz sabe la importancia del tiempo, porque sabe que no es eterno. Es la rareza de algo lo que determina su precio. A menudo se pregunta si lo usa bien.

¿Son mis acciones verdaderas, hermosas y buenas; fieles a mis valores? ¿Son útiles?

Mientras el guerrero se pregunta, un niño pequeño se le acerca con su libro de jugadas.

- *Juan, deja al hombre en paz*, le dice su madre, algo preocupada.

Pero el niño no la escucha. Mira al Guerrero con sus ojos inocentes.

- *No puedo hacerlo*, dice, señalando un laberinto que comienza en varios puntos y conduce a varias puertas, todas cerradas excepto una.

Él ingeniosamente cuestiona al Guerrero: - *¿Qué punto de partida debo elegir para caer en la única puerta abierta?*

- Es muy simple, responde. *Todo lo que tienes que hacer es poner el laberinto al revés. Empieza por la puerta abierta y sube por el hilo, encontrarás el punto de partida correcto.*

El niño corre felizmente de vuelta a su madre. Sonrió al guerrero, mirando un poco avergonzada de que su hijo hubiera molestado a un extraño. Grita su alegría:
- Mami, mami, sé cómo hacerlo, sé cómo hacerlo.

El guerrero los deja con su alegría y reanuda sus reflexiones: ¿son buenas mis acciones, son útiles? ...
¡De repente, es la iluminación! Él lo entiende. A veces, al resolver los problemas de otras personas, encontramos respuestas a los nuestros. ¡Al resolver el problema de Little John, el Guerrero había resuelto el suyo!
Tenemos que llevar el problema hacia atrás, como en el laberinto: ¿En quién quiero convertirme? ¿Quién quiero ser al final? Y de esa manera, él sabrá el camino.

El guerrero decide entonces ordenar sus acciones al hombre que es en potencia y todo se vuelve más claro... El guerrero es guiado.

16) El guerrero y la batalla de corazones

Cuando el guerrero de la luz habla con una persona que no quiere escuchar, no lo hace a la fuerza. Se calla.

- *Qué fácil se confunde*, susurran los que lo observan.

- *Lo débil que es*, añaden los otros.

El guerrero no es débil ni está confundido. Está basado en la roca. Sus convicciones son inquebrantables.

Al igual que el río que se dirige al mar y a veces toma un desvío para llegar allí, acepta "perder" la batalla de palabras para ganar la guerra de corazones.

17) El guerrero sólo se encarga de sembrar

El guerrero de la luz sabe que si él tiene una responsabilidad en este mundo, también la tienen otros.

Así que si a veces se encarga de la siembra, el cultivo o la cosecha, también sabe que la mayoría de las veces sólo se encarga de sembrar, mostrar o iluminar.

Debe desprenderse del resultado; no le pertenece, sino que es el fruto de la libertad del otro, es éste el único que decidirá (o no) regar la semilla y hacerla germinar.

18) Respire profundamente.

El guerrero de la luz a menudo se detiene a considerar con los ojos de un niño las maravillas que lo rodean y a las que a veces no había prestado atención.

Aprovecha para respirar profundamente, y estas dos cosas le hacen mucho bien.

19) El guerrero busca derrotarse a sí mismo

El guerrero de la luz sabe que tendrá que luchar todos los días por la verdad y el amor.

También sabe que la batalla más importante y decisiva es dentro de él mismo.

Así que en lugar de buscar la derrota de los demás, busca en cambio derrotarse a sí mismo, amarse a sí mismo y a los demás.

20) El guerrero en el mostrador de vuelo o la verdadera riqueza

El Guerrero de la Luz está en la puerta de embarque. Se acerca a la anfitriona y se prepara para entregarle su boleto, y un hombre bien vestido lo empuja sin miramientos:

- *¡Apártate, soy un hombre importante!*
- *¿Quién es importante para quién?* Sólo responde el Guerrero.

El hombre está algo desconcertado por esta pregunta. Después de un breve momento, termina respondiendo: Para todos, soy dueño de muchas empresas y decenas de millones, ¡apártate!

¡¿Desde cuándo la riqueza es una marca de nobleza?!

Sin embargo, el guerrero está tranquilo y curioso, se aparta y escucha lo que sucede a continuación.

- *Necesito un billete inmediatamente en primera clase*, le dice sin rodeos a la anfitriona.

- *Lo siento señor*, responde educadamente, *nuestra primera clase está llena, podemos ofrecerle un billete en clase intermedia por 1000 euros.*

- *¡Estás loca, ese es el precio de la primera clase! ¡Prefiero viajar en clase turista!*

¡Y aquí está el hombre «rico» sacando su tarjeta de crédito mientras se queja y gime, prefiriendo viajar en clase económica cuando podría estar más cómodo en clase intermedia!

El guerrero sonríe en su interior: el hombre se creía rico, pero en su corazón, ¡seguía siendo pobre!

Es realmente rico quien no está apegado a ningún bien; nada le cuesta, nada es demasiado caro para él.

21) Cada reino dividido colapsa

El Guerrero de la Luz sabe por las enseñanzas de Cristo que todo reino dividido se derrumba.

Ha visto lo bien que está fundamentada esta frase, por desgracia.

¡Cuántas familias, cuántos poderes, cuántos reinos de la tierra se han derrumbado como resultado de las luchas internas y la división!

Es por eso que el guerrero de la luz no está dividido en sí mismo. Sabe que esta división es una fragilidad que, si no se resuelve, le llevará finalmente a la ruina total; no sucederá en un día, pero sucederá.

Entonces el guerrero busca primero la unidad dentro de sí mismo.

Sus palabras y acciones externas son las manifestaciones puras y sinceras de lo que es internamente. Al ver a una de ellas, se puede ver su alma.

> **22) El guerrero busca el significado de su vida en los signos, la fecha de su bautismo y otras cosas ...**

El guerrero de la luz sabe que las cuestiones más importantes de su vida giran en torno a su ser. ¿Quién eres? ¿Cuál es tu destino? ¿Quién quieres ser?

Busca las respuestas en los valores en los que cree, en las acciones que le hacen feliz o triste. Y encuentra una primera capa de respuestas.

Entonces el guerrero cava más profundo. Quiere encontrar información valiosa enterrada.

Hace una lectura de los grandes acontecimientos de su vida y hace un resumen por décadas. ¡Quiere ser capaz de resumir su vida en un párrafo de unas pocas líneas, o mejor aún, condensarla en una sola línea!

- ¿Qué es lo que busca con tanta energía? Sus amigos se preguntan con una curiosidad mezclada con ansiedad.

Todavía está buscando en formas que a otros les parecen pura locura o fantasía: las condiciones de su concepción - ¿Qué santo presidió su nacimiento? - ¿Por qué recibió este nombre? - ¿Cuál es el santo de su bautismo? - ¿Qué pensaba que era importante para él de niño? ¿Cuáles eran sus sueños entonces?

- *¡Qué original y excéntrico es!* Dicen los que lo ven buscando.

El guerrero quiere entender quién es y el sentido de su vida, porque lo que los hombres llaman casualidad, los sabios lo llaman coincidencia y otros lo llaman destino. Sabe que es parte del gran tapiz de la humanidad. Algunos hilos están directamente conectados entre sí por detrás; si se tira de uno, sigue el otro.

El observador de este mundo no sabe esto, porque no lo ve, pero el que diseñó la red lo sabe. Es por haber recibido esta visión que el guerrero de la luz sabe que todos estos datos: su nombre, el día de su nacimiento, el santo que preside su nacimiento, el que preside su bautismo... Todo esto tiene un significado que está conectado con su vida.

Sintetiza sus observaciones y hace sus hipótesis, que son todas preguntas lanzadas al universo. Y sabe que el universo le responderá, como ya ha empezado a hacerlo, porque Cristo dijo:

> *"El que busca y busca encuentra...*
> *y a quien lo pida, se le dará".*

23) El Guerrero de la Luz y la Paciencia - El que es orgulloso se impacienta con todo

El guerrero de la luz sabe que el que es orgulloso es impaciente con todo, mientras que el que es perfectamente humilde no tiene orgullo; no ofrece ningún asidero al mundo.

La paciencia es una manifestación de humildad y amor. El guerrero nunca pierde la oportunidad de practicar ambas cosas.

> **24) El guerrero cultiva sus fuerzas como uno cultiva su jardín...**

El guerrero de la luz cultiva su fuerza como uno cultiva su jardín. Observa lo que hace crecer su alegría y su paz, y bebe de ello regularmente.

Ya ha probado muchos manantiales y le ha quedado claro que no todos son tan saludables y buenos como los demás.

Sus compañeros van a muchos manantiales y parecen disfrutarlos. Interrogan al guerrero:

- *¿Por qué no vienes con nosotros y pruebas esta nueva fuente o esta nueva copa de borrachera?*

- *Hay demasiado peligro en seguirlos*, responde.

El guerrero sabe que si metes tus labios en demasiadas copas, siempre terminas envenenándote.

El guerrero de la luz siempre elige sus fuentes cuidadosamente, por eso siempre está del lado de la vida.

25) El guerrero a veces se enfada

El Guerrero de la Luz a veces se mete en la ira sagrada. No le teme a su ira ni a la de los demás. El mismo Cristo se enojó a veces: cuando echó a los vendedores del Templo, cuando vio la falta de fe de sus discípulos al regresar de su Transfiguración, cuando vio el endurecimiento del corazón de sus compatriotas que no querían curar a un hombre paralizado un sábado. Su ira fue una expresión de Su Justicia y Santidad; la consecuencia de las injusticias que vio en el mundo.

Lo mismo ocurre con el guerrero. Su ira duró sólo un momento. Sabe que es un arma efectiva pero peligrosa. Es como un trapo en llamas que uno sostiene. Puede ser útil por un tiempo, pero no debe mantenerse por mucho tiempo, o te quemarás.

Sigue siendo como el fuego en una rama sacada del corazón de la Santa Justicia y sostenida para iluminar la injusticia, para hacerla retroceder como un animal salvaje.

Pero no se puede mantener esta llama eternamente, de lo contrario el fuego sube hasta la mano, luego a todo el ser;

¡es entonces cuando uno se consume!

26) El discípulo y el elefante

Un discípulo se acerca al guerrero y le pregunta:
- *¿Puedes enseñarme a luchar?*
- *Tengo que mostrarte algo primero. Ven conmigo.*

El maestro lleva a su nuevo discípulo al circo. Está intrigado por el destino.

El Guerrero de la Luz, como muchos que enseñan la sabiduría, no toma el camino más transitado por los espectadores y seguidores. Así es como ambos llegan detrás de la carpa.

- *Observa este elefante,* dice el Guerrero. *Mira su imponente tamaño y constitución, sus imponentes músculos. ¿Cómo es que no se va?*

El discípulo miró por un momento el imponente candado y la fuerte cadena que mantenía al elefante en su lugar.

Estaba a punto de responder, cuando notó algo extraño: la estaca que sostenía todo el conjunto estaba simplemente fijada en el suelo, sin ningún sello en particular.

- *No lo sé*, respondió el discípulo algo perplejo. *Tal vez piensa que no puede liberarse debido al candado y a la cadena. Pero si mirara su fuerza y viera a qué está atada la cadena, comprendería que todo lo que le retiene es sólo una ilusión.*

- *Has hablado bien*, le dijo el guerrero, ¿has entendido?

Y con estas palabras lo dejó para para que hiciera sus meditaciones.

27) El miedo es necesario o cómo el guerrero ve el miedo

El Guerrero de la Luz debe luchar hoy en un torneo muy famoso. Es el gran favorito y todo el mundo está mirando cada uno de sus movimientos; su reputación le ha precedido. Se dice que puede conocer el punto débil de un oponente de un vistazo y derrotarlo antes de que haya desenvainado su espada.

- Parece que todavía tiene una ligera aprensión antes de entrar en la lucha, a pesar de todas sus victorias, se asombran los que asisten al torneo.

El Guerrero de la Luz no los escucha. Él es más cauteloso con el orgullo que con el miedo. Sus victorias le han dado confianza, y el miedo se ha alejado de él. Este miedo era necesario para su entrenamiento, le enseñó a fortalecerse y a mantenerse alerta.

Así que usó el miedo como se usa una mancuerna, pero sabe que el orgullo lo llevará a su caída, si no lo reprime. Porque el orgullo sólo le da una seguridad ilusoria. Es por eso que el guerrero todavía prefiere una pizca de miedo a una pizca de orgullo.

28) El guerrero cura su cuerpo y su alma

El Guerrero de la Luz no ha conocido sólo victorias. También ha tenido su cuota de derrotas, y no son las que ha recibido por la espada las que le han hecho más daño.

Su alma también fue herida algunas veces, y la herida fue aún más dolorosa cuando el golpe fue dado por alguien cercano o de confianza.

Por lo tanto, el guerrero no sólo cura su cuerpo, sino también su alma. Masajea su cuerpo con aceite, de oliva o de árnica, y masajea su alma con el aceite de la oración y el perdón.

29) Dejemos el pasado en el pasado por ...

El maestro que lo entrenó en el pasado le había quitado la espada más de una vez, para darle una mejor.

Y aunque era objetivamente mejor, a menudo añoraba su vieja espada antes de apreciar plenamente la nueva.

¡Lo mismo ocurre con la vida! Es por eso que el guerrero deja atrás el pasado para comprender mejor el presente y así estar listo para recibir las bendiciones del futuro.

30) El discípulo y el reflejo en el lago

Un joven viene a ver al Guerrero en medio de la noche.

- *Me gustaría ser tan sabio como tú*, dijo el joven.

- *¿Quién dijo que soy sabio?* Respondió el Guerrero.

- *En el pueblo muchos lo dicen y otros dicen que estás loco.*

- *Porque algunos dicen que estoy loco, entonces tal vez soy sabio, porque la sabiduría parece locura para los que están atrapados en el mundo.*

- *Veo que eres un maestro del pensamiento. ¿Cuánto tiempo me llevará adquirir la sabiduría de ti?*

- *Eso depende de ti. Algunos de los mejores discípulos tardaron dos años, otros cinco, otros diez, y algunos fueron antes de eso.*

- *Si trabajo el doble de duro que el mejor de ellos, ¿me tomaré un año en vez de dos?*

- Ven a ver el lago conmigo. Mira cómo refleja el cielo, las estrellas y la luna. Ahora tira una piedra y dime lo que ves.

El joven lo hace. Sólo puede ver la luna, y con dificultad. Sólo tiene una imagen distorsionada de ella. La reconoce más por su claridad que por su forma característica.

¿Cómo podría reflejarse el cielo en un lago inquieto?

- Un espíritu inquieto sacudido por la precipitación ya no puede reflejar el cielo. Este espíritu refleja sólo las verdades más crudas de la existencia.

La precipitación, las tensiones internas y las lujurias frenan o impiden su progreso espiritual.

La sabiduría se establece sólo en una mente tranquila. La sabiduría es un reflejo del cielo. [3]

---

[3] Esta historia se comenta en la segunda parte

> **31) Como la flor que se convierte en fruto, el guerrero se transforma.**

El Guerrero de la Luz se había propuesto la meta de tener un hermoso jardín. Lo ha estado cultivando regularmente durante tres años.

Ha asumido esta tarea en paralelo con su entrenamiento y sus viajes. Ahora tiene un hermoso jardín lleno de vegetales, flores y árboles frutales.

El Guerrero de la Luz saborea su éxito. Ha trabajado duro para ello. Toma una cesta y va a recoger lo que le pertenece, lo lleva a su casa y comienza a ordenarlo.

Mientras separa las frutas de las verduras, los pájaros empiezan a cantar. Esta no es la típica canción de satisfacción o de un desfile de amor. Reconoce los gritos de advertencia del peligro. El guerrero se ha vuelto más atento.

Mira por la ventana y ve a cuatro hombres en sus monturas a cien metros de distancia. Ciertamente pensaban tomar discretamente alguna fruta del guerrero, pero ahora que son descubiertos, prefieren irse.

El guerrero está feliz, vuelve a sus frutas y verduras, compara su color, forma, textura y olor. Está en armonía con la vida.

Mientras hace esto, un pensamiento viene a su mente: no sólo posee más a través de este proyecto de jardín, sino que además ha sucedido algo casi misterioso.

A medida que trabajaba en su obra, fue mejorando gradualmente. Su cuerpo se hizo más fuerte y más flexible. Se ha vuelto más paciente y duradero. Su mente se volvió más atenta y alerta.

El guerrero entiende que lo más importante de la aventura no es sólo el resultado, sino también la nueva persona en la que se convierte a medida que el proyecto se desarrolla.

32) El ladrillo, el muro y la catedral

El guerrero de la luz ve en su sueño a tres hombres trabajando. Algo le intriga: son iguales y diferentes.

Llama al primero y le dice:
- *¿Qué estás haciendo?*
- *Estoy poniendo un ladrillo lo mejor que puedo y no me preocupo por el resto, el resto vendrá por sí solo.*

Y cuando da su respuesta, vuelve a su trabajo.

El guerrero llama al segundo que parece hacer lo mismo, pero cuya mirada parece diferente. Le hace la misma pregunta:
- *¿Qué estás haciendo aquí?*
- *Estoy construyendo un muro; para ello, compruebo la alineación de los ladrillos entre ellos.*

Y cuando da su respuesta, vuelve a su trabajo.

El guerrero llama al tercero y le pregunta por última vez:

- ¿Cuál es tu trabajo?
- Estoy construyendo una catedral; para ello compruebo la disposición de los muros en relación con los demás.

Y el guerrero entiende que este sueño es una metáfora de su vida.

Vivir el momento presente es importante para colocar el ladrillo de cada día, pero tienes que comprobar que lo has presionado contra la pared correcta.

Algunas personas caminan correctamente, pero no van en la dirección correcta.

El guerrero también entiende que si los muros están dispersos, la construcción nunca estará terminada, por lo que también necesita una visión global.

El ladrillo, el muro y la catedral, los tres son necesarios. El guerrero se despierta y anota cuidadosamente esta lección que le dan los ángeles.

33) La emboscada o saber de lo que eres capaz...

El Guerrero de la Luz monta su corcel. Cabalga hasta el claro donde le espera un duelo. ¡Cuando llega, ve a su oponente ayudado por otros diez!

El guerrero gira e inmediatamente se da media vuelta y se aleja a rienda suelta.

- *¡Qué cobarde es!* lanzaron los once hombres que lo esperaban con pie firme.

¿Quién es el cobarde, quién es el embaucador? ¿El que viene a luchar fielmente o el que viene con otros diez que lucharán a su lado?

El guerrero sabe de lo que es capaz y sobre todo de lo que no es capaz; ¡es una gran gracia! Su sangre habría sido derramada en este claro mezclada con la de otros seis o siete guerreros. No habría salido vivo de esta lucha injusta y desigual.

No hay escasez de derramamiento de sangre y muerte en este mundo. Si se retira, es para honrar la vida que se le ha confiado. Este mundo no necesita un cadáver más, necesita más luz.

El guerrero sabe que ha tomado la decisión correcta. Todos los que le han precedido en esta clase de emboscada lo atestiguan, ya sea los que están vivos o muertos. Los que han fallecido han sido más a menudo víctimas de un mal juicio que de la sorpresa.
 Cayeron en el miedo a la mirada de los demás antes de caer bajo la mirada de las espadas.

El guerrero ha visto con demasiada frecuencia a sus amigos caer bajo ambas para saberlo. Tiene otras batallas que librar.

34) Los golpes deben ser impredecibles o astutos al servicio de la vida.

El Guerrero de la Luz observa cómo luchan otros guerreros, ya sean de la luz o de las sombras.

Se da cuenta de que los golpes más eficaces pierden su efectividad cuando son predecibles. Deduce que la sorpresa y la imprevisibilidad de los golpes son superiores a un golpe considerado más eficaz, pero anticipado por el oponente.

Entonces el guerrero pone en contra del observador lo que ha aprendido de él. Finge, finge dar un golpe de una manera, pero finalmente lo da de otra... y a menudo la ventaja resulta ser decisiva y el oponente herido abandona la lucha.

- *¡Qué astuto es!* Algunos dicen
- *¡Está haciendo trampas!* Los demás replican.

No hay ninguna regla en una lucha a muerte excepto la de ganar y escuchar a tu conciencia. El guerrero está feliz de haber salvado una vida gracias a su astucia, la suya o la de su oponente.

35) El guerrero mira detrás de él para avanzar mejor

El Guerrero de la Luz va a visitar a su madre. La que lo alimentaba con sus pechos y lo mecía en sus caderas. Ella tiene un lugar especial en el corazón del guerrero. Cuando la mira, su alma infantil resurge a la superficie más fácilmente.

Ya divisa la casa y ve a su madre subir las escaleras del ático que cubre toda la casa. Se ha comprometido a ordenar el vasto ático. El guerrero se acerca a su madre y la besa.

Ella le dice: *Hay demasiados objetos que se acumulan aquí y se están echando a perder. No los usaremos más. Vamos a regalarlos para que conozcan otra vida. Traerán otras risas y otros momentos de felicidad.*

La madre del guerrero es generosa y llena de sentido común. El guerrero sabe que la vida es movimiento. Los objetos deben circular como el agua de los ríos. De esa agua que corre sobre las rocas y gira en un alegre remolino, se puede beber; pero si se estanca, pierde su dinamismo. Luego se degrada gradualmente y se corrompe. El agua necesita seguir moviéndose para mantener su fuerza vital. Así es como traerá vigor y alegría.

Lo mismo se aplica a los objetos. Si se amontonan fuera de la vista, un día serán olvidados. Allí, lejos de todos, ya no cumplen sus misiones, no cumplen su destino, el de educar o entretener.

El guerrero llega a un gran baúl, lo abre: *¡Mira mamá, este coche de fricción! ¡Me pregunto si todavía funciona!*

Levantando el resorte del mecanismo, lo lanza. El coche atraviesa el ático de un lado a otro y llega a la pared de enfrente. En el impacto rebota, pero la fricción trata de volver a lanzarlo contra la misma pared una y otra vez.

El Guerrero de la Luz está observando este ciclo:
adelante - parada - atrás - adelante - parada - atrás...

Algunos hombres, como este coche o los autómatas de antaño, no saben cambiar de dirección y están condenados a reproducir siempre el mismo ciclo: adelante - parada - atrás - adelante - parada - atrás...

El guerrero de la luz sabe que cuando la lección no es aprendida y entendida, la vida se la representa por segunda vez, luego por tercera y tantas veces como sea necesario para pasar al siguiente nivel.

Pero no es lo mismo en la vida real que para el autómata. ¡Si para el autómata los choques son cada vez menos violentos, al tropezar de nuevo, en la vida real es todo lo contrario! ¡La violencia del choque aumenta y el precio a pagar aumenta!

El guerrero no quiere tropezar con las etapas de la vida como los autómatas de antaño, quiere avanzar.

No quiere volver a cometer los mismos errores, por eso analiza sus días antes de irse a la cama.

Así, no se lleva los errores de ayer al día siguiente; mañana no será como hoy.

> **36) ¡El guerrero ha logrado su sueño o tienes que soñar en grande!**

El guerrero ha logrado su sueño. Lo logró en cinco años en lugar de diez. Cinco años de trabajo duro han dado sus frutos. Se regocija durante tres días.

Al cuarto día, cuando se despierta, un ángel está en su puerta, lleva un mensaje:

- *¡El sueño era demasiado pequeño!*

> **37) La perseverancia construye grandes cosas o cómo introducir pequeñas rutinas positivas en tu vida diaria que marcarán una gran diferencia a largo plazo sin esfuerzo.**

El guerrero de la luz sabe que el mundo es una fuente de inspiración y sabiduría a la que puede acceder.

A menudo se queda bajo un gran árbol donde los pájaros cantan. Ha contemplado durante mucho tiempo la perseverancia de la madre que, hebra a hebra, ha construido su nido.

También ha visto al campesino llevar piedra tras piedra para construir su pequeña casa en las montañas junto con sus cabras.

En el fondo del valle, vio la catedral de la región y adivinó sus innumerables piedras...

¡La perseverancia construye grandes cosas! se dice a sí mismo. [4]

---

[4] Las explicaciones y comentarios en la segunda parte...

38) Collares, brazaletes y virtudes o que cada uno haga lo que le gusta o en lo que sobresale.

Hoy, el Guerrero de la Luz ha cruzado el gran Océano Pacífico.

Llegó a una isla donde se le dijo que los habitantes vivían en paz y armonía. Allí, nadie mandaba y todos parecían obedecer; era como un misterio.

Lo que había que hacer lo hacían todos, sin esperar a que alguien más lo ordenara, para que todos estuvieran a cargo y al mismo tiempo nadie estuviera a cargo. El guerrero quería saber el secreto de tal concordia.

Tan pronto como las costas de la isla estuvieron a la vista, el orden, la belleza y la paz que emanaban de la orilla lo impactaron. Bajó la espada del barco, pero sintió que ahí no le serviría para la batalla.

Una cosa intriga al guerrero: todos ellos llevan un collar de perlas alrededor de sus cuellos y a veces varias representaciones en brazaletes en sus muñecas. Algunos tienen una, otros dos o tres, raramente más. Pero ninguno de ellos tiene el collar lleno, ni ninguno tiene el collar vacío.

El Guerrero de la Luz detiene al primer hombre que pasa.
- *¡Hola a ti! ¿Qué es ese collar que llevas? ¿Simboliza algo?*

- *Sí. Es nuestro collar de habilidad. Estas perlas son un signo visible de cualidades y virtudes invisibles a primera vista: la capacidad de zurcir un paño, de cosechar cocos, de pescar, o incluso la dulzura, la fuerza, la paciencia, la inteligencia, el coraje... la lista es casi interminable.*

- *¿Cuál es el punto?* preguntó el Guerrero.

- *El que sobresale en un campo indica cuál es ese campo y pone su talento al servicio del otro. Por el contrario, el otro le devuelve el servicio con toda justicia en el campo en el que el primero no es tan bueno.*

- *¿Y cómo se hace este collar? ¿Quién elige los dominios? ¿Quién lo entrega? Quiero saber más.*

- *El collar es dinámico. Como la vida, cambia con el tiempo. Cada persona estima su propio valor y elige el dominio donde desea florecer.*
A veces, un habitante da su opinión. Anima al otro a añadir una habilidad o a elegir otra más adecuada a sus habilidades naturales. Pero siempre es la persona que lleva el collar quien decide qué cuentas añadir o quitar y qué símbolos llevar en la muñeca.

- *¿Por qué los niños no llevan collares?*

- *Porque hasta los doce años, buscan sus virtudes y habilidades maternales. Antes y después, intentan una multitud de actividades.*
En su duodécimo cumpleaños, su madre y su padre se ponen de acuerdo con él y le regalan su primer collar y pulsera. Pero como te dije, este collar es dinámico. Se mueve como el cielo sobre ti y como el mar delante de ti.

- *Así, cada uno hace lo que le gusta y lo que sabe hacer mejor,* concluye el guerrero.

- *¡Eso es!*

- ¿Y si quisiera llevar la Perla de la pesca cuando aún no la he practicado?

- Es inusual, pero puedes usar este abalorio si quieres. No tienes que ser perfecto para llevar la perla, la tomarás más pequeña y la harás más grande con tu progreso, la virtud viene con la acción.

El guerrero se maravilló: ¡cómo estos habitantes habían encontrado una solución simple para vivir juntos!

El guerrero pasó algún tiempo en esta hermosa isla y aún permanece en su corazón.

39) Importancia de la palabra

El guerrero conoce el valor de la palabra en la Tierra, como en el Cielo. Es por una palabra que dos seres están vinculados para la vida en la Tierra.

Es por una palabra que el mundo fue fundado desde el Cielo.

Una promesa es una cadena que se pone alrededor del cuello. El que habla se expone mucho. Puede revelar secretos, hablar mal, traicionar sus promesas...

Por eso el guerrero habla poco. Sabe en qué se está metiendo cuando habla. Cuando un guerrero dice que sí, es como un juramento que lo compromete, por eso no suele decir que sí.

Prefiere permanecer en silencio y hacer... sus acciones hablarán por él.

> **40) El guerrero está haciendo una fiesta para celebrar sus victorias...**

El guerrero de la luz es feliz. El objetivo que se había propuesto se ha logrado. Está haciendo una fiesta. La victoria es siempre más agradable cuando se comparte la alegría.

Celebra su victoria con los que ama, porque toda victoria debe ser celebrada.

Sus amigos llegan, todos lo felicitan, algunos lo envidian, así es la vida. El guerrero saborea el momento presente, el único que existe objetivamente.

La vida también es una celebración.

41) El guerrero camina con su ángel, pero no sólo eso...

El Guerrero de la Luz nunca camina solo. Su ángel siempre está a su lado para guiarlo y aconsejarlo.

También siempre camina con su niño interior. Este tiene la custodia de sus sueños de juventud.

Le prodiga la energía, la alegría e incluso la despreocupación que a veces es necesaria cuando uno se embarca en grandes proyectos.

El guerrero además camina con el viejo sabio dentro de él; el que verá en el espejo si Dios le da vida.

Y finalmente el guerrero de la luz camina consigo mismo.

Es al caminar de esta manera que lleva dentro de sí el presente, el pasado y el futuro. Por eso es un Guerrero de la Luz.

42) El portaviones

Al Guerrero de la Luz también le gusta relajarse con sus amigos. Sabe que la vida social es algo necesario y que la amistad se nutre, de lo contrario se marchita.

Están todos reunidos alrededor de una mesa y allí está él en medio de ellos. Uno de ellos quiere contar un chiste: *¿conocéis la historia del portaviones de Terranova?*
- *No*, sus interlocutores responden que no.

Así que, feliz por el efecto que iba a tener, comienza a contarla con grandes gestos: *Es la historia de una radiocomunicación entre un barco de la Marina de los EE.UU. y las autoridades canadienses en Terranova; es verdad, añade con entusiasmo.*

Así que ahora el portaviones estadounidense USS Abraham Lincoln y toda su flota de escolta están en una maniobra de entrenamiento frente a la costa canadiense de Terranova. El operador ve el eco de una nave en su radar. Informó de esto a su oficial al mando quien, a su vez, ordenó al operador de radio que mandara al barco canadiense desviarse 15 grados al oeste para despejar el camino.

El operador de radio lo hizo y le dijo al canadiense:
- *Por favor, desvíe 15 grados al oeste para evitar la colisión con EE.UU. La Marina. Cambio.*

El operador de radio canadiense le responde tácticamente:
- *Negativo, no nos estamos moviendo, estábamos aquí primero. Por favor, desvíe 15 grados al oeste para evitar una colisión con nosotros. Cambio.*

El operador de radio del portaviones americano insiste, pero el otro no quiere oírlo. Así que se lo remite a su capitán, que toma el micrófono.

- *Este es el capitán del portaviones Abraham-Lincoln de los Estados Unidos de América: Por favor, haga un rápido cambio de posición a 15 grados al oeste. Cambio.*

Pero el otro no se rinde:
- *Estábamos aquí primero, no nos moveremos un grado: depende de usted alterar su curso.*

Así que el comandante del portaviones ve rojo y se siente amenazado:

- Permítame ser muy claro con usted: Este es el portaviones USS Lincoln, el segundo barco más grande de la flota naval de los Estados Unidos. Nos acompaña un número importante de buques escoltas, incluyendo tres destructores, cuatro cruceros y un submarino.

Le ordeno que desvíe su curso inmediatamente 15 grados al oeste, o nos veremos obligados a tomar medidas coercitivas contra usted, para garantizar nuestra seguridad.

Tenemos a nuestra disposición una potencia de fuego tan colosal que no puede ni siquiera imaginar en sus peores pesadillas el diluvio de fuego que se arriesga a que caiga sobre usted.

Así que el canadiense le dice:
- Entendido, Capitán. ¡Esto es un faro!

Y allí está todo el mundo riéndose a carcajadas y el guerrero también.

Pero ahora oye la voz de su Ángel que le dice: *¿Entiendes la metáfora?*

El guerrero está intrigado. El Ángel continúa:

El hombre camina a través de las olas de la vida armado con su poder y envuelto en su suficiencia.

En la alta estima que se tiene a sí mismo, piensa en su locura que todo está sujeto a él. Quiere seguir adelante sin considerar ningún obstáculo, ninguna dificultad, ninguna prohibición.

Y he aquí que Dios se levanta ante él inmutable, indómito, e ilumina el camino...

¿Qué hará el hombre? ...

Y el guerrero meditó sobre ello.

43) ¡El Guerrero se niega a luchar!

El Guerrero de la Luz conoce a muchos luchadores que quieren desafiarlo.

- *¿Por qué sacaría mi espada?* Pregunta el guerrero.

- *Veremos cuál de nosotros es más fuerte*, responde el que lo desafió.

- *Eres demasiado fuerte para mí*, concede el guerrero que no quiere derramar la sangre de su oponente, sólo para probar su fuerza.

Sólo con esta respuesta, el guerrero ha evitado muchas desgracias.

Pero a veces el oponente se pone terco y la lucha se hace inevitable. Entonces el guerrero saca su espada y actúa rápidamente. Con gran determinación se compromete en la lucha que le es forzada.

Su objetivo es desenvainar su espada lo más rápido posible, antes de que el otro haya puesto su mano en el pomo. Le hiere la mano para que no agarrare la espada.

El Guerrero de la Luz muestra así su misericordia. Al herir al otro en la mano o en la pierna, le impide luchar y le salva de heridas graves, y a veces incluso le salva la vida.

A veces el guerrero no logra salvar a su oponente y se producen daños irreparables. El guerrero llora durante mucho tiempo al que podría haber sido su amigo, pero que había preferido ser su enemigo.

Al conocerse, habrían superado la rivalidad y la división. Habrían descubierto juntos que muchas cosas los unen, más de lo que podrían haber imaginado a primera vista.

Lo que los habría unido entonces habría sido mucho más fuerte que lo que parecía dividirlos.

Sí, el guerrero llora mucho por el amigo que ha perdido.

44) La miga de pan

Un hombre está escribiendo en su computadora con un sándwich en la mano. El guerrero de la luz lo observa discretamente desde unos pocos metros de distancia.

Ahora una migaja cae sobre el teclado. Quiere quitarla, pero el pedazo se rompe y se hunde aún más. El hombre se enfada. Cuanto más intenta quitar las migas, más se rompen y se hunden.

El guerrero se acerca al hombre, lo saluda y sopla fuerte en el teclado.

Todas las migajas vuelan. El hombre atónito observa al guerrero alejarse con la espada a su lado.

Hay situaciones en las que la fuerza es inútil.
La suavidad es la mejor manera...

45) La escolta de la princesa o la fuerza que viene en ayuda del que ama el bien

El rey quiere llevar a su hija a su boda, pero no confía en el jefe de su guardia, ni en el territorio vecino que tienen que cruzar. Pide ayuda al Guerrero de la Luz, un viejo amigo.

- *Envía una carta al futuro suegro y pide un escolta fuerte*, aconseja el guerrero. *Si no puedes ir a la montaña, deja que la montaña venga a ti.*

El rey sigue el consejo, pero el mensajero es interceptado y la carta de respuesta es cambiada. En él está escrito:
No puedo ir a ti, por temor a crear un incidente al cruzar el territorio vecino. Pasa discretamente y enviaré un guardia a mi frontera cerca del río en tal o cual día a tal o cual hora.

- *Esta carta me parece extraña*, dijo el guerrero al rey. *¿Has acordado un código de confianza o certificación?* pregunta el Guerrero.

- *No*, respondió el rey, *no había pensado en eso. ¡El sello no es suficiente!*

- Algunos sellos son fáciles de falsificar, responde el Guerrero.

El viaje está decidido de todos modos. El guerrero de la luz aconseja al rey: No se lo digas al jefe de tu guardia hasta el último momento.

Recuerda que Cristo no les había dicho a los discípulos sobre su última cena, sino que había enviado en secreto a Pedro y Juan para prepararla. Lo había hecho para que Judas no tuviera mucho tiempo de traicionarlo: por eso el guerrero le dijo al rey: *"No se lo digas al capitán de tu guardia hasta el último momento"*.

El gran día ha llegado. Al amanecer, el guerrero despertó al jefe de la guardia y le dijo: nos vamos, voy a elegir diez hombres, ¡venga!

La elección está hecha y la Princesa está lista. La procesión sale del patio del palacio con pasos apagados. Aquí van. El discreto carruaje es escoltado por quince hombres y el Guerrero de la Luz.
No ha pasado una hora desde que el guerrero sintió que algo andaba mal. Varios

hombres se miran entre sí, con demasiada frecuencia, en lugar de mirar a su alrededor.

El guerrero a menudo cambia de lugar en la procesión. A veces está en la parte delantera, otras veces en la parte trasera, a veces vuelve a la derecha o a la izquierda.

- *¿Por qué te mueves tanto?* pregunta el jefe de la guardia preocupado.

- *Para garantizar la seguridad de la princesa*, responde el guerrero.

Sí, y más fundamentalmente, está tratando de evaluar cuántos guardias están en complicidad, según la forma en que miran sus movimientos repentinos. Miras a tus amigos, pero observas y espías a tus enemigos, y la mirada no es la misma.

El informe no es bueno, sólo dos parecen ser leales a la princesa. El guerrero se arriesga y confía sus miedos a los dos hombres.
Les explica discretamente el plan que seguirán pronto, si los demás no los atacan por sorpresa de antemano, y les pide que se

preparen. Están sorprendidos, pero aun así confían en el guerrero.

Como los tres hombres temían, los otros guardias se vuelven contra ellos y quieren poner sus manos sobre la princesa.

El Guerrero de la Luz muestra con su poder, fuerza y agilidad por qué se le llama guerrero. No tiene piedad, no puede permitirse este lujo, su vida y la de la hija del rey, su amigo, están en juego.

Sus oponentes no esperaban una resistencia tan heroica que arruinara su plan. Aprovechando esta vacilación y la confusión que ofrece su caballerosa combatividad, el guerrero se precipita, intrépidamente, hacia la princesa, la arranca de su asiento y la lanza sobre su caballo. Cabalga con la rienda suelta, gritando a sus compañeros de infortunio para que lo sigan. Aún quedan ocho oponentes, les están pisando los talones, los otros están muertos. Aquí están, sacando sus arcos y tensándolos.

El guerrero no puede sostener a la princesa, que está en peligro de caer en cualquier momento, guiar su montura, y al mismo tiempo sacar su escudo a sus espaldas.

Debe tomar una decisión si quiere salvar su vida y la que está protegiendo. Luego, tirando brutalmente de la brida lateral, obliga a su caballo a saltar al vacío y cae al río unos quince metros más abajo. Sus compañeros hacen lo mismo.

Desafortunadamente, la princesa no sabe nadar, así que se aferra al caballo como puede y sacude las piernas para no hundirse. A veces es necesario saltar al agua aunque no sepas nadar.

El guerrero saca su escudo para protegerlos de la lluvia de flechas que caen en su dirección. El escudo de madera de acacia hace que las flechas exploten al impactar, es invulnerable a las flechas del enemigo; la vida se trata tanto de la defensa como del ataque, el escudo como la espada.

El río se los lleva. Una nueva ráfaga de flechas, menos nutrida y menos vigorosa, viene hacia ellos, como una admisión de la impotencia de los asaltantes.

Entonces se ofrece un espectáculo sorprendente a los ojos de los que hacía un momento parecían perdidos: los hombres que los perseguían caen uno tras otro de sus caballos, como golpeados por un misterioso mal.

- *¿Qué es esto?* pregunta la princesa algo asustada.

El Guerrero de la Luz la tranquiliza:
- *No tengas miedo, princesita, me pareció bien advertir a unos fieles amigos de mi viaje y del peligro que corríamos. Conocían el camino y las modalidades en caso de peligro. Les había advertido: si no me quedo en el mismo lugar, si doy la vuelta al carruaje, yendo al frente y al fondo, a la izquierda y a la derecha, significa que estoy en peligro. Aquellos a los que hablaré más adelante, considérenlos aliados; cúbrannos a todos, a la princesa, a los aliados y a mí.*

El guerrero de la luz no depende únicamente de su escudo y su espada, ni siquiera de su sabiduría o su inteligencia.
 El sabio asegura sus pasos y comprueba el camino que está tomando.

El Guerrero de la Luz sopesa los riesgos. Sabe en quién ha puesto su confianza y se siente realizado.

El guerrero está bajo protección.

46) El guerrero prepara cada batalla, pero no sólo eso

El guerrero de la luz prepara cada batalla cuidadosamente, cuando puede preverlas, porque sabe que la preparación es tan importante como la acción.

Muchas guerras se han ganado o perdido incluso antes de la primera acción.

Estudia las fortalezas y debilidades del enemigo y conoce las suyas propias también.

El guerrero también estudia el entorno donde se desarrollará la batalla. A un guerrero alto le molestan los lugares estrechos, a un guerrero más pesado le molestan los terrenos blandos como el barro o la arena, y algunos guerreros no pueden nadar, trepar o subir a los árboles. Cada uno tiene su lugar favorito.

El guerrero ataca en un lugar que le es favorable, porque sabe que cada detalle puede costarle la vida.

47) El guerrero comparte su comida

El Guerrero de la Luz come mientras reza, con reverencia. Aprecia la gracia que recibe al poder satisfacer su hambre.

A veces comparte con los que le rodean cuando se siente impulsado a hacerlo. Hoy se conforma con una naranja.

Los transeúntes a los que les da unas rebanadas dicen: ¿Quién es ese? ¿Qué quiere de mí? ¿Qué va a pedir a cambio de esta comida? ¿Está loco?

¿No es más bien este mundo el que está loco?

Y muchos pasan ignorando este gesto de bondad del guerrero. Pero para todos aquellos que lo han aceptado, el guerrero ha deslizado con estas rebanadas aceptadas una oración de bendición. Y los que no lo sabían también recibieron grandes bendiciones del cielo además de haber probado la simple felicidad de la hermandad.

Los más clarividentes se dan cuenta de esto y buscan encontrar al Guerrero, pero no lo encuentran en ningún lado.

El guerrero es impredecible, se deja guiar por la respiración y rara vez regresa a los mismos lugares.

Aquellos que quieran ponerse en contacto con él tienen que buscarlo en sus corazones, porque al darles su propia comida, también les ha dado algo de su alma.

Ahí es donde lo encontrarán, en lo más profundo de sus corazones.

48) Un solo disparo no es efectivo

El Guerrero de la Luz observa a los luchadores para aprender de ellos, especialmente cuando la lucha es real o ambos oponentes son casi iguales en nivel.

Señala que un solo disparo raramente es efectivo a este nivel de experiencia, pero una sucesión de tres o más disparos a menudo abruma al oponente, a veces incluso al guerrero más consumado.

Por eso el guerrero nunca permite que le peguen más de tres veces seguidas sin dar un golpe de parada a los que le atacan.

El hecho de que el guerrero perdone no significa que tenga que aceptarlo todo; debe permanecer fiel a sus valores.

49) El problema es una invitación

El Guerrero de la Luz a menudo sonríe cuando se enfrenta a un problema o dificultad.

- *¡Qué extraño!* Dicen los que están a su alrededor.

El guerrero entiende que la vida le ofrece un entrenamiento o un desafío dependiendo de lo que está en juego o de la complejidad de la acción. Este desafío será una oportunidad para que el guerrero ejerza su fuerza, su inteligencia o su tenacidad.

A veces el guerrero no logra resolver el problema por sí solo. Entiende que este problema fue una invitación, no para aumentar su conocimiento, sino para aumentar sus relaciones con los demás. Así que va en busca de quien pueda ayudarle.

El guerrero aprecia el proceso tanto como el resultado. Confía en la vida y en la estrella que lo protegen. Sabe que en el camino hacia la solución de este problema encontrará un amigo.

50) El guerrero, su belleza y sabiduría

El guerrero de la luz ha oído hablar de un sabio que vive en la montaña, le dice a su amada:
- *Voy a la montaña para obtener la sabiduría del que la enseña.*
- *Ve, mi amor, te esperaré y veré cuando vuelvas si eres sabio.*

El guerrero va hacia el que debe ayudarlo a adquirir sabiduría. Cuando llega, lo ve cultivando su campo.

El guerrero le pregunta:
- *¿Qué haces, sabio, labrando la tierra?*

- *Todo es equilibrio y armonía, responde el sabio. Y añade: ¡Así como cuido las flores que están fuera, también cuido las flores de mi alma!*
Aquel que no tiene la paciencia y la disciplina para cultivar su jardín que ve crecer fácilmente, no tendrá la disciplina y la paciencia para cultivar su jardín interior que ve crecer sólo con gran cuidado.

Es extraño que este hombre se llame a sí mismo el guerrero. Pero pasó unos tres meses con el sabio y regresó a su amada que lo esperaba, el sabio le dijo que había despertado en él las semillas de la sabiduría, que ya estaban allí.

Cuando el guerrero regresó a la que su corazón amaba, llamó a la puerta de su casa y escuchó la voz de su dulce y pura persona diciéndole:
- *¿Quién está ahí?*
- Respondió: *Soy tu amado, el que ha ido a buscar la sabiduría.*

- Y ella le respondió:
Si realmente quieres buscar la sabiduría, medita y vuelve, porque aún no la has captado.

Y el guerrero estaba asombrado, pero por mucho que insistiera, la puerta nunca se abrió.

Casi cedió a la ira, pero se resistió calmando su aliento; las lecciones que había aprendido le ayudaron y se fue al bosque a reflexionar.

Escuchó durante mucho tiempo el canto de los pájaros, que le recordaba la voz de su amada, y se preguntó:

- ¿Cómo puede decir que no he captado la sabiduría cuando apenas hemos intercambiado algunas palabras?

Todavía pensaba para sí mismo: *ella no ha entendido que era realmente yo, voy a volver a ella y le voy a insistir que me abra.*

Él volvió con ella y ella le hizo la misma pregunta: *¿quién es?*

Y le dio a su belleza la misma respuesta multiplicada: *Soy tu amado, que ha ido a buscar la sabiduría.*

Y él le contó de nuevo todas las cosas maravillosas que habían experimentado juntos, pero ella le dio la misma respuesta una y otra vez: - *Si realmente quieres buscar la sabiduría, medita y vuelve, porque aún no la has captado.*

Luego regresó al que le había enseñado muchas cosas. Después de escuchar atentamente su relato, el maestro le respondió:

- La sabiduría estaba contigo, y tú viniste a mí. Tiene razón al decirte que todavía falta una

cosa; pero no puedo ofrecértela, porque si te la ofrezco, perdería su valor.

El guerrero meditó durante mucho tiempo hasta que la luz de la verdad iluminó las profundidades de su alma. Una vez iluminado, volvió a la persona que su corazón amaba.

Fiel, ella lo estaba esperando. Ella le preguntó por tercera vez: *¿quién está ahí?*

Y el guerrero que había entendido que la sabiduría consiste en abrazar todas las facetas de la verdad en el amor le dio esta respuesta: *Tú eres mi amada y yo soy tu amado,* así que la puerta se abrió.

El guerrero de la luz había entendido que no puede haber verdadera sabiduría sin que uno se descentralice.

El que sólo piensa en sí mismo no puede ser sabio, ni el que sólo piensa en el otro; ambos son necesarios.

51) El guerrero ordena sus golpes

Los mejores guerreros no atacan de manera desordenada.

¡Una sucesión desordenada de notas musicales no da una melodía!

Estos temibles guerreros los ordenan en una estrategia global. Saben que así como los materiales apilados no hacen una casa, una montaña de golpes al azar no construirá su victoria.

El guerrero posee este conocimiento. Trabaja en la fluidez de sus secuencias. Ordena sus golpes, los compone y los ajusta, como se combinan las notas para hacer una sinfonía. Cada movimiento trae el siguiente y amplifica su fuerza. Después de un cierto número de movimientos, como en el ajedrez, el oponente parece presentar su espalda o garganta como una ofrenda. ¡Luchar es un arte!

Siempre que sea posible, porque es un guerrero de la luz, deja vivir a su oponente. Intenta hacer del enemigo un amigo.

Hay tantas batallas por librar y hay pocos buenos luchadores...

52) El guerrero agradece los deberes que debe cumplir...

Muchas personas se quejan de todas las cosas que tienen que lograr en su día y les parece una carga.

El Guerrero de la Luz a veces también comparte este estado de ánimo. Pero cumple con sus deberes, incluso cuando le parecen dolorosos; así es como también se fortalece.

Y notó una cosa sorprendente: el deber, una vez cumplido, trae la paz.

Por la tarde, el guerrero da las gracias por todas las tareas que se le han confiado y que ha logrado llevar a cabo. Es útil en este mundo.

También se le ha dado fuerza para este día. Reza para que mañana sea lo mismo.

53) La fuerza y la debilidad

El guerrero va a las dos aldeas vecinas de los jefes zulúes Uthando (Amor) y Ukuthula (Paz) que no ha visto en mucho tiempo.

Toma un pequeño camino de la sabana y pronto nota un extraño fenómeno: ¡las flores sólo crecen a un lado del camino!

El guerrero sigue su camino y se cruza con las mujeres del pueblo, que van a buscar agua al pozo. Entonces el guerrero se ofrece a ayudarlas, pero las mujeres se niegan:

- No es un trabajo de hombres.

El guerrero no escucha este tipo de respuesta, sabe que todos necesitan ayuda y apoyo.

Él ofrece su ayuda de nuevo, las mujeres dudan. Una de ellas le entrega los cubos que ella llevaba.

El guerrero está feliz de ser útil y de que su fuerza sea útil para algo, incluso en tiempos de paz.

Mientras camina, el guerrero nota que uno de los cubos está agrietado. Pierde agua por el camino, por eso han crecido las flores.

El guerrero entiende que aunque la fuerza es importante, nuestras debilidades también pueden ser una fuente de bendiciones para los demás.

54) Vivir la vida intensamente con el riesgo de salir herido

El pequeño grupo llegará pronto al pueblo. Uthando se acerca con Ukuthula, los dos hombres caen en los brazos del guerrero.

El Guerrero de la Luz deja fluir una lágrima de alegría y emoción intensa.

En el pasado, no lo habría hecho. No se habría permitido lo que consideraba una forma de debilidad. Se habría contenido a sí mismo. En ese momento pasado, había decidido inconscientemente no dejarse afectar por la vida y sus altibajos.

Había formado una armadura emocional y vivía los eventos de su vida como si estuviera a distancia o entumecido. Esto hizo que fuera menos doloroso tratar con eventos tristes.

Pero poco a poco, para no ser herido aún más, había perdido su capacidad de alegrarse y amar; en una palabra, de vivir intensamente.

El guerrero había decidido, por lo tanto, vivir su vida intensamente. Ya ha salido de su sueño despierto, está completamente vivo.

Por eso cada día corre el riesgo de ser herido, para saborear también el de estar en el flujo de la vida.

Derrama lágrimas de tristeza en los días de luto y lágrimas de alegría en los días de celebración.

55) Todo está vinculado. El amor, la paz y la luz unen sus fuerzas.

Los tres hombres Uthando (Amor), Ukuthula (Paz) y el Guerrero de la Luz se retiran bajo la sombra de un enorme y majestuoso árbol.

Los jefes quieren saber cómo va el mundo. Saben que lo que ocurre en una parte de la Tierra afecta a las otras; todo está conectado.

Las noticias no son buenas. Pero los guerreros que están despertando a la conciencia son cada vez más numerosos.

Los tres hombres rezan juntos intensamente para que la luz brille el mayor tiempo posible en la cara de la oscuridad, y la repele.

56) El guerrero se niega a morir sin entregar su melodía...

El guerrero de la luz sabe que todos los hombres mueren un día, pero muchos dejan de vivir muy jóvenes; han perdido el sentido de lo maravilloso, ya no creen en su sueño. Lo han enterrado en algún lugar de la tierra del olvido.

Pero al enterrar su sueño, enterraron con él un poco de su alma y lo que les hacía felices. El mundo echa de menos esa alegría.

Está nostálgico por esta pintura que no verá, por esta música que no oirá, por esta música que no escuchará.

El guerrero se niega a morir sin descubrir sus talentos y ofrecerlos a los hombres. No quiere irse sin entregar su melodía y dejar al mundo lo que le debe, la auténtica obra que estaba destinado a legarle. Es su elección, es su destino; lo cumplirá.

Se entregará a este trabajo hasta su último aliento, hasta el último límite de sus fuerzas; es un guerrero de la luz.

57) No hay necesidad de romper el cuadro.

El Guerrero de la Luz conoce el poder de las palabras. Por eso se trata a sí mismo con amabilidad y respeto, como lo hace con los demás. El amor de los demás se origina en nuestro corazón. Si la fuente está corrupta, ningún agua clara podrá salir de ella para regar el mundo.

Por lo tanto, es porque conoce el poder de las palabras que el guerrero no se dice a sí mismo, cuando ha cometido un error:
- *¡Qué tonto y estúpido eres!* Pero más bien: *lo pensaré la próxima vez, o aquí hay una idea que es mejor que la primera.*

Sus amigos que conocen su filosofía dicen en voz baja:
- *¡Es demasiado tolerante! ¡Nunca progresará!*

Los resultados están a su favor; ¡están equivocados! El guerrero progresa por sucesivos toques, mejora el cuadro.

¡No tiene que romperlo cada vez!

58) Todavía existe el pecado de la gula

El Guerrero de la Luz está trabajando en sí mismo. Luchó uno tras otro contra todos los dragones que vivían en él y que a veces incluso alimentaba con sus pensamientos, palabras, acciones o más sutilmente con sus omisiones: la codicia, los celos, la ira, el miedo ... Incluso el que se consideraba el más peligroso, porque era capaz de volver a la vida más fácilmente que los demás, el del orgullo, fue derrocado.

Sólo uno se resiste, y no parece ser uno muy malo: la gula.

El guerrero va a donde está su mentor y le dice:

- *He vencido el miedo, la vergüenza, la envidia, la ira, el juicio, soy libre... La gula sigue ahí, pero es una cosa pequeña... ...ocho de los nueve pecados capitales, ¿No es excelente...?*

El mentor permanece en silencio.
- *Sígame*, él simplemente dice.

Lo lleva al puerto, y he aquí que un gran velero está amarrado al muelle. Está soltando las amarras y preparándose para zarpar con todas sus velas desplegadas. Luego el amo devuelve la cuerda al gallo de amarre que el hombre del muelle había desatado.

El barco está atrapado. Está cabeceando, agrietándose y rompiéndose. Intenta liberarse, pero vuelve sobre sí mismo. Los marineros a bordo entran en pánico y no entienden lo que está pasando.
Uno de ellos pronto se da cuenta de la cuerda atada y de los dos hombres a su lado. El maestro no le presta atención. Aprovechando que el barco ha vuelto a su alcance, le sujeta una segunda cuerda.

- *¿Qué estás haciendo?* le dijo el guerrero, *¡Se van a estrellar!*

- El marinero grita: *¿¡qué haces ahí!? Nuestras velas están fuera, tenemos que irnos. ¡Por favor, libéranos o pereceremos!*

El capitán liberó las dos amarras que sostenían la nave, la nave fue liberada al fin y se estaba yendo.
- *¿Entiendes?*

Sí, el guerrero ha entendido. Nunca llegará al puerto prometido si se queda atado a uno de sus pecados. Pronto llamará a un segundo, luego a un tercero y finalmente todos lo alcanzarán; pronto morirá miserablemente.

Luego, en la alegría, el guerrero vuelve a trabajar. Para cada comida tiene un trozo de pan y agua clara en un bol de madera. Esta noche cenará vegetales; eso le hace feliz.

> **59) El guerrero propone el camino o elige cruzar el mundo con un corazón puro y ligero.**

El guerrero de la luz no juzga a nadie, ni siquiera a sí mismo. Observa la causa y el efecto.

Sólo evalúa lo que lo acerca a las metas que se ha propuesto y lo que lo aleja de ellas. También escucha a su corazón y actúa de acuerdo con sus valores; es fiel a sí mismo.

A veces propone un camino a otros y los ilumina con su ejemplo. Las virtudes sólo valen la pena por su aplicación.

Los que reciben la invitación son libres de aceptarla o rechazarla. Algunos lo hacen y otros no.

El juicio y el odio no tienen lugar en el corazón del Guerrero de la Luz. Tampoco los lleva en la espalda, porque son pesados de llevar, al igual que la tristeza. No le corresponde al guerrero llevarlos.

Así que no condena a los que le han dado la espalda. Son libres. Es de su libertad que viene su mérito.

El guerrero ha elegido cruzar el mundo con un corazón puro y ligero, y todo es más sencillo.

Sin embargo, el guerrero piensa en ellos, sobre todo cuando cae la noche: ¿qué será de ellos?

A veces una estrella que aparece en el cielo le da la respuesta.

Otras veces el viento susurra una confidencia en su oído y revela el secreto.

A veces su pregunta queda sin respuesta, ese es el misterio, Dios guarda su secreto.

60) El guerrero se ríe de buena gana o mantiene el corazón de un niño

El Guerrero de la Luz se ríe de buena gana de una historia divertida.

- *¡Qué ingenuo es!* Exclaman sus amigos.

El guerrero de la luz sabe que la risa es muy buena para la salud. Sólo los que tienen alma de niño saben apreciar ciertas cosas.

Recuerda que Cristo dijo:
"Benditas sean las almas de los niños, porque de ellos es el reino de los cielos."

Entonces el guerrero se ríe y deja que se rían a su costa. Sabe que esta risa es en realidad un elogio.

A ellos también les gustaría tener el alma de un niño, pero ya no pueden encontrar el camino a su corazón.

61) Algún día pasará a través del espejo

El guerrero de la luz sabe que todo sigue su camino, nada es inmutable, ni siquiera las montañas.

Él mismo tuvo la suerte de ver una montaña derrumbarse en un instante bajo el embate de la lluvia, mientras se refugiaba en la montaña cercana.

También vio toda una sección del acantilado colapsar bajo el choque de las olas mientras caminaba a lo largo de uno de ellos.

Un día le tocará a él ir al otro lado del espejo.

Pero está en paz. Sabe que le espera un mundo aún mejor, un mundo de luz y alegría, eso es lo que le dijeron los guerreros que entraron en el túnel de la luz y regresaron.

Algunas personas no creen eso. Sin embargo, hay tantos mensajeros que llevan el mismo mensaje de esperanza que sólo se puede estar seguro del mensaje. Son demasiados para que esto sea una ilusión.

La belleza original de este mundo, la gratuidad y la abundancia de los bienes que estaban allí en un principio lo certifican, dicen que es verdad: el amor y la alegría nos esperan.

La muerte no es un fin, sino un pasaje a algo más grande y mejor.

El guerrero está en paz.

62) Paseo por la orilla del mar o cómo se puede cambiar la historia

El Guerrero de la Luz está caminando por la orilla del mar. En el recodo de una gran cala, ve a los pescadores. Están desplegando toda su fuerza para llevar una red a la playa. La red está repleta de peces. Con cada movimiento de las olas, tiran al unísono:
- ¡Oh, tira! ... ¡Tiren! ... ¡Tiren! ...

Los peces están asustados, sienten que se acerca su última hora. Luchan, tirando en su propia dirección. El pánico se instala, la red se estrecha. Son desorganizados, a diferencia de los hombres que los llevan a donde no quieren ir. Algunos, en su terror, incluso nadan hasta la orilla sin saberlo.

El guerrero pronto se da cuenta de que un pez en la red se comporta de manera diferente. Es mucho más fuerte que los otros y parece saber exactamente lo que hace. Nada decididamente hacia el mar y deja que los hombres conozcan su poder. Se niega decididamente a sucumbir ante ellos.

Él solo pone a los pescadores en problemas por un tiempo, pero el pez se ve obstaculizado en su lucha por otros que van en todas direcciones. Los hombres se organizan. Piden refuerzos; pronto estarán ahí.

Antes de que lleguen, varios peces se convierten en uno con el pez valiente. Unen sus fuerzas y rompen los puntos. ¡Ya era hora! Los refuerzos están aquí, ahora la red está en manos de los hombres. Los peces que fueron atrapados están ahora a su merced.

Los hombres están celebrando su victoria. En cuanto a los que escaparon, se han retirado lejos de la costa. El guerrero adivina el cardumen a la distancia mientras la superficie se ondula. Están celebrando la libertad y la vida; en cierto modo, ¡también ellos celebran su victoria!

El guerrero se pregunta cuántos fueron capaces de salvarse. Un ángel le da su número: son 153. Caminando a lo largo de la orilla, recuerda la escena, todo comenzó con el valiente pez, pero solo no habría sobrevivido.

El Guerrero de la Luz entiende que no podrá vencer solo...

63) No todo está logrado

Es bueno dar un paso atrás, mirar detrás de ti.

El magnífico trabajo en el que participa el guerrero no sólo está más allá de sus esfuerzos, sino que también está más allá de su conciencia.

Durante su vida, realizará sólo una pequeña parte de la magnífica empresa que es la obra de Dios.

Al Guerrero no se le ha dado la misión de hacerlo todo, y mucho menos de hacerlo todo solo. ¡Nada de lo que hace se completa o es tan poco! El reino de amor, paz y alegría que quiere ver está siempre más allá de sus posibilidades.

Ninguna declaración dice todo lo que le gustaría decir. Ninguna oración expresa plenamente las profundidades de su corazón. Ninguna religión trae la plenitud de Dios. Ninguna lucha trae la victoria total sobre el mal.

El guerrero de la luz planta semillas que tal vez nunca vea crecer, pero eso no le impedirá sembrar. Un día crecerán, si Dios quiere; llevan dentro de sí la promesa del futuro.

El guerrero a veces pone los cimientos sobre los que otros construirán. A veces añade un piso al edificio existente o endereza el que estaba inclinado en exceso y amenazaba con caerse.

Es esta levadura la que hace que toda una masa se eleve. Producirá efectos que se multiplicarán mucho más allá de sus capacidades humanas.

Esta comprensión le da un sentido de liberación y le permite hacer algo incluso imperfecto en lugar de no hacer nada en absoluto. El trabajo no está terminado, pero ya es un comienzo. Vendrá otro guerrero que lo terminará o lo hará crecer.

El guerrero ha cumplido su destino; se ha realizado a sí mismo desarrollando los talentos que han sido depositados en él, y los ha ofrecido al mundo.

Ha puesto su piedra en el gran camino de la vida.

Ayuda a la comprensión simbólica de las historias. Comentarios - Posibles implicaciones en la vida.

64) Peleando con el maestro o cómo convertirse en un maestro después de ser un discípulo

¿Qué es un maestro? ¿Qué relación tiene con el discípulo?

El maestro es el que posee el conocimiento y la habilidad para dirigir. Es al mismo tiempo un modelo a imitar, un maestro y un guía. Naturalmente inspira respeto, admiración y a veces incluso veneración o amor a los que le siguen.

Debido a su supremacía en muchas áreas, posee cierto poder sobre otras. Este poder es también intrínseco a la relación maestro-discípulo, porque en cierto modo el discípulo ha renunciado a su propio poder a favor del que lo dirige.

Por lo tanto, este líder puede ejercer un cierto poder. Esto puede despertar en el discípulo un sentimiento de miedo nacido de la convicción de que está a merced de quien también le sirve de modelo.

Hay un segundo campo de paradoja.

El maestro, aunque es el modelo a imitar, que está muy cerca, también simboliza un ideal a alcanzar que parece inaccesible, un horizonte.

¿Pero qué hay más allá de este horizonte? El discípulo podría hacerse esta pregunta. Podría preguntarse otra muy concreta: *¿qué pasaría si varios maestros se enfrentaran entre sí?*

La respuesta es obvia: muchos perderían. No importa cuán fuerte sea un maestro, no es invulnerable.

La relación maestro-discípulo es por lo tanto ambivalente. A todas las disposiciones positivas, actitudes y sentimientos como:
El respeto, la confianza, la veneración, el amor... a veces se oponen por el miedo, la sospecha, la desconfianza.
Todas estas ambivalencias surgen en la historia cuando el discípulo teme enfrentarse a su maestro, cuando normalmente debería tener confianza en él.
El hecho de que el Guerrero de la Luz acepte obedecerle, aunque sea a regañadientes, muestra que aún está bajo el dominio de su maestro en ese momento de la historia.

El maestro del guerrero es un buen maestro. No quiere que su discípulo permanezca perpetuamente bajo su control, sino al contrario, quiere que complete el proceso de aprendizaje y transformación. Para ello, debe cruzar el último obstáculo de su camino de liberación. Este obstáculo "final" en el camino del discípulo... ¡es el propio maestro!

¡El que una vez tuvo que ser imitado, ahora debe ser vencido!

Esta historia es, por lo tanto, una invitación a superarse.

Las dos características esenciales para convertirse en un maestro.

El resultado de la lucha es incierto, porque nunca puedes estar seguro de conquistar tus miedos.

Desde el punto de vista de la historia, esta indecisión en la victoria de uno u otro es la prueba de que ambos luchadores están casi al mismo nivel. El discípulo pone al maestro en dificultades y cree que lo tiene en su poder. El discípulo ha progresado mucho desde el primer día. No es el mismo que solía ser. Aquí aparece una inversión de la jerarquía.

Pero el maestro saca otra arma más adecuada para el combate cuerpo a cuerpo. Dos pensamientos sobre este punto de la historia.

Primero, un maestro es una persona con recursos. Es capaz de arreglárselas, incluso cuando la situación parece desesperada; y es este estado de ánimo y nivel de experiencia al que uno debe aspirar si quiere llegar a ser un maestro.

Segundo, el discípulo sigue siendo ingenuo. Ciertamente, tiene la maestría técnica, pero eso no es suficiente. También necesita conocer a la gente. Esta falta de conocimiento podría haberle costado la vida. Aquí hay una lección para los líderes.

Sin embargo, aunque conserven sus vidas, pueden desperdiciar mucho tiempo, energía y dinero al no saber con quién están trabajando, sólo pensando que un hombre vale por otro.

¡No! Siempre hay alguien más adecuado para una tarea o misión determinada.

Afortunadamente, el Guerrero de la Luz cambia de opinión, cambia de táctica y gana.

Al final de la historia, es el que una vez fue su amo quien le suplica. La jerarquía se ha invertido.

Por su declaración final: Has ganado, el antiguo maestro reconoce la victoria del que una vez fue su discípulo. También reconoce su nueva autoridad, dejándole la preeminencia de la elección: ¡Déjame enseñar donde no estarás!

Ser capaz de la grandeza de espíritu.

Finalmente, la frase: *Escoge, pues, la vida, y con ella el camino del bien ¡Déjame vivir!* es la última enseñanza del maestro a su discípulo, como su legado. Es una invitación a tomar conciencia de que hay una elección que debe hacerse aquí: vida o muerte.

El guerrero no está obligado a matar a su oponente. El antiguo maestro (que sigue siendo un maestro del alma, aunque ya no es el del guerrero) da aquí una última lección a su discípulo. El resto del libro muestra que será fiel a él.

El respeto del guerrero de la luz por el que lo formó y su grandeza de alma se pueden ver cuando le perdona la vida, pero no sólo en eso.

Es más fácil quedarte en el mismo lugar cuando estás herido, cuando tienes tu casa, tu jardín, tu vida... que irte. Al ceder todo esto a quien lo formó, el guerrero de la luz favorece objetivamente a su maestro. Y también muestra su rectitud.

Él hace justicia. La victoria no lo autoriza todo, sobre todo la injusticia de quitarle todo al que ha perdido o es más débil.

Al irse, el guerrero reconoce la autoridad de su oponente derrotado en ese lugar: Ahí está su dominio, pero más en su alma, lo cual se muestra con su partida.

Para ser libre y realizarse a sí mismo.

Finalmente, esta partida es un símbolo de liberación.

Todo hombre está invitado a superar sus miedos si quiere ser realmente libre y realizarse. Los grandes miedos del hombre son los grilletes que gobiernan su vida, la dirigen y la controlan.

No hablo aquí de fobias como la de las arañas o la de volar, sino de los miedos fundamentales del hombre: ser controlado por otros, ser rechazado o herido, el miedo a la falta de recursos, el miedo a ser juzgado, el miedo al sufrimiento, el miedo al fracaso...

El hombre (representado aquí por el Guerrero de la Luz), sólo puede ser perfectamente libre (manifestado por su partida, al final de la historia) si se enfrenta a sus miedos.

El guerrero de la luz debe enfrentarse a lo que más teme, si quiere evolucionar al máximo y alcanzar su plena realización.

Dependiendo de su historia, el hombre es más o menos frágil ante uno (o varios) de estos miedos. El discípulo que se ha dado cuenta de ellos ya está avanzado en el camino de la liberación y puede elegir enfrentárseles.

Por el contrario, si es inconsciente de ellos, el camino a seguir será más largo. ¿¡Cómo se puede luchar y derrotar a un adversario que no se conoce y no se ve!? En este caso, lo primero que hay que hacer es reconocer sus miedos.

Esto requiere ayuda externa o mejor aún, auto-observación para revelarlos.

Esta auto-observación no es un juicio, sino una observación independiente de nuestro comportamiento inadaptado; entonces podremos remediarlo.

Esto no sucederá de la noche a la mañana, pero con una perseverancia suave y firme, lo lograremos.

Esta etapa de descubrir los propios miedos y confrontarlos es esencial para la plena realización del potencial que yace latente en cada hombre, y digo incluso, para el florecimiento de la verdadera personalidad de uno.

Tal es, por ejemplo, la alegoría del dragón que guarda el tesoro. Todas estas riquezas y sus beneficios sólo serán nuestros cuando nos hayamos enfrentado al dragón y lo hayamos derrotado.

Después de esta dura, y a menudo dolorosa lucha, se abre una era de abundancia, paz y alegría para el que ha vencido.

65) El fuego encendido por los niños o cómo llevar a cabo cualquier proyecto con entusiasmo, medida y perseverancia

El fuego es la imagen del deseo. No es sólo el deseo sexual, sino todas las cosas o estados que uno está profundamente motivado a alcanzar.

Al principio hay un estado de excitación. Esto se manifiesta en la alegría de los niños.

El hombre, inconsciente de todo el trabajo que se va a hacer, se lanza a él, yendo en todas las direcciones; esto es lo que hacen los niños, poniendo en el fuego casi todo lo que tienen a mano.

En este período de entusiasmo, está muy activo. Lee mucho, se documenta, habla de ello a su alrededor, intenta practicar... El proyecto acaba de empezar, ¡es hora de la alegría!

Pero el hombre tiene una naturaleza impaciente. Le gustaría irse antes de llegar, tener un cuerpo atlético antes de hacer deporte, perder peso antes de empezar buenos hábitos alimentarios, tener nuevos conocimientos antes de estudiar, estar tranquilo antes de meditar...

Atraído por su deseo de alcanzar su objetivo lo más rápido posible, descuida el proceso que lo conduce a él, quiere suprimirlo. No entiende que es precisamente este tiempo de proceso el que hará más estable la futura transformación.

Así que, quemando las etapas, quiere hacer demasiado; esto es lo que pasa cuando se añade el gran tronco. En lugar de hacer los 5 minutos de meditación que habrían bastado al principio, nos proponemos una hora, aguantamos unos días. Entonces, al no tener la fuerza para soportar esta nueva restricción que nos hemos impuesto, nos doblamos bajo la carga, ¡el placer ya no existe!

Poco a poco, se convirtió en una restricción y luego en una carga a ser llevada.

Desilusionados, abandonamos la carga y el proyecto muere. Deja en nuestras mentes las cenizas del sueño que tuvimos algún tiempo antes.

Habría sido mejor aumentar gradualmente nuestras exigencias sobre nosotros mismos y habríamos tenido la preparación para afrontar este nivel más alto de práctica.

Esta historia es, por lo tanto, una invitación a la paciencia y al *método Kaizen* de los pequeños pasos: es mejor hacer crecer el fuego primero.

> **66) La perseverancia construye grandes cosas o cómo introducir pequeñas rutinas positivas en la vida diaria que marcarán una gran diferencia a largo plazo, sin esfuerzo.**

El hombre ama las grandes hazañas, las grandes victorias. Subestima el poder de los esfuerzos repetidos y el beneficio acumulativo que aportan.

Cuatro incómodos minutos al día repetidos a lo largo de un año dan un día entero al final del año; son tres grandes días de ocho horas.

Para que mis hijos esperen el autobús, con un libro en la mano, en lugar de perderse en sus teléfonos o mirar fijamente a los transeúntes, conseguí que no sólo leyeran un montón de libros, sino mejor aún, que les gustara leer.

Cualquiera que pase sólo diez minutos al día mirando sus mensajes en su teléfono, o de otra manera, ya ha visto sesenta horas de su vida evaporarse en un año.

Así que, en la visión acumulativa, ¡diez minutos valen sesenta horas!

El efecto de amplificación que proviene del poder de la repetición funciona en ambos sentidos: en nuestro beneficio o en nuestro perjuicio.

En la historia, la perseverancia construye grandes cosas, es siempre en la dirección correcta que las cosas evolucionan (este libro pretende ser un libro optimista y alentador).

Sin embargo, hay dos escalas diferentes. El pájaro madre y el campesino por un lado, y los constructores de catedrales por el otro.

La madre pájaro no es menos noble que el campesino en su construcción, aunque su nido sea más frágil.
Construye una casa a su medida, y sus esfuerzos por llevar los hilos y todos los materiales de construcción no son menos admirables que los del campesino. Cada uno de ellos lleva lo que es capaz de llevar.

Si los dos primeros verán ciertamente el final de su trabajo, no se puede decir lo mismo de los que participaron en los inicios de la suntuosa construcción religiosa.

Otra gran diferencia es la colaboración necesaria para construir la catedral, que no aparece en la del nido o incluso en la de la casa.

Para construir cosas muy grandes, uno no debe estar solo y esto es lo que el guerrero entiende completamente al final del libro con la historia de los peces.

67) El discípulo y la reflexión en el lago
O cómo encontrar la inspiración

Esta historia comienza en la noche. El joven no quería que su visita fuera conocida por los demás aldeanos. Esta visita nocturna muestra la discreción con la que el joven quiere occultar su visita.

Desde el punto de vista espiritual, esto significa que la búsqueda de la sabiduría no debe hacerse con ostentación, sino con discreción, como en la noche. Sólo después de este tiempo de introspección, la luz que hemos recibido en la sombra del recuerdo brotará como perlas de luz.

Por ahora, debemos sumergirnos en las profundidades de nuestro ser.

Desde un punto de vista metafórico, esa noche es una imagen de la confusión que reina en la mente del joven. Cuando visita al Guerrero de la Luz, siente que éste podrá ayudarle a ver más claramente. Será como una estrella que le mostrará una dirección segura y le guiará en su viaje.

De hecho, es una buena idea acudir a una persona cualificada para que le aconseje cómo comportarse. Esto es lo que haces sin darte cuenta cuando vas al médico cuando estás enfermo, o al dentista cuando tienes un dolor de muelas, o a un abogado en caso de una disputa...

El joven indica el objeto de su petición; no es el dinero ni la fama, sino la sabiduría (me gustaría ser tan sabio como tú), lo que revela su grandeza de alma.

¿Cómo reconocer a un hombre sabio?

Un diálogo tiene lugar entre los dos hombres. El guerrero de la luz le pregunta: ¿Quién dijo que yo era sabio?

El guerrero al hacer esta pregunta no asevera que es realmente sabio, ni dice que no lo es. Deja abierta la afirmación del joven.

Si hubiera respondido que era verdaderamente sabio, habría sido como mínimo signo de vanidad y de locura.

En cualquier caso, habría demostrado que no es quien se dice que es.

Ningún hombre sabio diría que lo es, porque conoce sus límites. Sabe que toda la sabiduría es relativa. Para los locos encerrados en un manicomio, una persona que es mundialmente promedio, puede parecerles o supremamente sabios o completamente locos.

La sabiduría también puede ser comparada con la riqueza. Una persona que es millonaria es rica para la gente común, pero para un billonario, es mil veces menos rico que él.
Aunque ambos parezcan ricos al hombre común, uno es mucho más rico que el otro.

Un hombre sabio desafía con sus palabras y su comportamiento. Dibuja una línea de división entre los dos, lo que provoca reacciones contradictorias: en el pueblo mucha gente dice que es sabio y otros todavía dicen que está loco.

La línea entre la locura y la sabiduría o incluso la genialidad puede parecer delgada para algunas personas, porque cada una de ellas se encuentra al final del espectro de la persona humana y, vistas desde el medio, son difíciles de distinguir una de otra.

El guerrero de la luz le responde: porque algunos dicen que estoy loco, entonces tal vez soy sabio, ya que la sabiduría parece locura para los que están atrapados en el mundo.

Con su respuesta, el maestro indica que la verdadera sabiduría es tomada por la gente común como locura; (por eso los verdaderos sabios son raros, están fuera de la norma).

El Guerrero de la Luz muestra así que es verdaderamente sabio. Su respuesta impresionó al joven, ya que le dijo: Veo que eres un maestro del pensamiento. Lo cual el guerrero no contradice.

¿Cuál es el precio?

El discípulo, antes de comprometerse plenamente, pregunta el precio a pagar: ¿Cuánto tiempo me llevará adquirir la

Sabiduría? Esta es la marca de un espíritu con visión de futuro.

El guerrero de la luz responde: depende de ti. Algunos de los mejores discípulos tardaron dos años, otros cinco, otros diez, y algunos fueron antes de eso.

Los discípulos que le precedieron, aunque todos tenían el mismo maestro, no se tomaron todos el mismo tiempo para alcanzar su meta; ¡peor aún, algunos fracasaron!
Aquí hay una prueba de la sinceridad del maestro y su humildad, ya que incluso admite "sus fracasos".

La tarea no asusta al futuro discípulo. Está dispuesto a trabajar el doble de duro que el mejor de ellos, para alcanzar su objetivo más rápidamente: Si trabajo el doble de duro que el mejor de ellos, ¿me llevará un año en lugar de dos?

Hay una especie de ceguera o pretensión aquí. ¿¡Cómo sabes si eres capaz de lograr el doble que un hombre del que no conoces nada!? Tal vez estaba trabajando... ¡veinte horas al día! ¿Seremos capaces de trabajar cuarenta horas en un día de veinticuatro horas?

Pero el maestro no se detendrá en este punto, lo cual es bastante obvio. Pasará a otro, mucho más oculto.

Si en una visión mecanicista de las cosas se llega el doble de rápido yendo el doble de rápido, no es lo mismo en el ámbito espiritual.
Es precisamente esta prisa la que se opone a la quietud necesaria para alcanzar la sabiduría. Un espíritu inquieto nunca podrá contemplarla. Esto es lo que el guerrero quiere hacerle entender llevándolo al lago.

¿Cómo inspirarse?
O los frutos de un alma tranquila.

Este lago es una imagen del alma del discípulo. Si está en calma, refleja el cielo. Uno puede entonces ver en su superficie hasta el reflejo de las estrellas más pequeñas y recoger su luz.

Así, según el Guerrero de la Luz, la sabiduría viene del cielo. Es "suficiente" ponerse en un estado de receptividad para recibirlo desde arriba. El alma debe ser como un lienzo blanco esperando que el Pintor Virtuoso venga y coloque su obra en él.

Este estado de receptividad sólo es posible en calma y tranquilidad. La sabiduría no es conocimiento, aunque teje lazos íntimos con él.

Uno puede ser muy erudito, pero no poseerla, y a la inversa, saber muy poco y ser verdaderamente sabio.

No es algo que pueda ser adquirido por la fuerza de la muñeca y el estudio.

La sabiduría es como la fruta que se cultiva en un invernadero. Parece la fruta de la huerta, pero no sabe como ella.

Se comen, pero no satisfacen, no llenan, mientras que con los frutos de la sabiduría recibida de arriba, ¡una sola frase puede llenar toda una vida!

Bonus

68) El Guerrero de la Luz y el Matemático

El guerrero de la luz decide aumentar su lógica porque es una de las formas de inteligencia y la necesita para su supervivencia.

Va a ver a un viejo sabio que una vez fue también un ilustre profesor de matemáticas. Le pregunta:

- *¿Cómo puedo aumentar mi lógica?*
- *Como todos los demás, al ejercerla*, el sabio le responde.
- *¿Puede darme un ejemplo que pueda entender mejor?*

El Sabio sabe que la teoría no es nada sin la práctica y la aplicación. Le presenta este problema: un capitán del Mar de China tiene 25 cabras y 15 búfalos en su barco... ¿Cuántos años crees que tiene?

¡El Guerrero de la Luz permanece perplejo! ¿Cómo puedes saber la edad del capitán sabiendo el número de animales que lleva? ¡No tiene ningún sentido!

El guerrero piensa que tal vez haya un truco, que si sólo suma los números podría darle el resultado correcto:
- *Diría que tiene 40 años. Me parece un número bastante plausible y es la suma del número de animales.*
- *Y si pierde una cabra en el camino, será un año más joven,* dice el matemático pícaramente.

- *¿¡Cómo voy a saber cuántos años tiene!?* respondió finalmente el guerrero, algo molesto, preguntándose si no estaba perdiendo el tiempo. *No lo sé. No tengo suficiente información.*
- *Muy bien,* dijo el sabio, entonces te daré dos más: *las cabras tienen una media de tres años y los búfalos ocho.*

- *¡Eso no me dice nada más de lo que sé!* dijo el Guerrero.
- *Me dijiste que no tenías suficiente información. Te estoy dando más, y no estás contento.*

- *¡No es lo que necesito!*
- *Al menos hoy has aprendido una cosa. No es la cantidad de información lo que te ayudará a resolver tus problemas, sino la calidad de la misma. Vuelve mañana y hablaremos.*

Al día siguiente, después de muchas dudas, el guerrero vuelve a subir a la montaña. Esta historia lo intriga y quiere llegar al fondo de la cuestión. El viejo dice que el problema tiene una solución, pero no ve ninguna. Sin embargo, el guerrero siente que la llave que el sabio le dará abrirá su mente.

- *Buenos días a ti*, le dice el guerrero al hombre sentado en su piedra.

Frente a su cabaña, contempla en lo alto del cielo tres grandes águilas que giran incansablemente como las manecillas de un reloj bien engrasado.
- *El clima estará bueno hoy*, responde el sabio.
- *Pero veo algunas nubes amenazantes*, respondió el guerrero.

- *Esta especie de águila* no tiene un plumaje tan lustroso *como el de los patos salvajes. Sólo vuelan así de alto con buen tiempo. Por eso sé que no va a llover; su vuelo me lo dice.*
- *Muy bien*, dijo el guerrero, ya lo sé para el futuro. *A algunos de mis caballos no les gusta*

la lluvia o el barro, y me avisan cuando los saco con este tiempo, mientras que a otros les gusta.

El guerrero se dice a sí mismo que la vida está llena de sorpresas. Al tratar de resolver un problema, a veces se resuelve un segundo problema, que es al menos tan importante como el primero, si no más.

Saliendo de sus pensamientos, el guerrero le dice al sabio: Volvamos a nuestro problema sobre el capitán. ¿Puede decirme cuántos años tiene?

- *No*, responde el sabio, pero puedo darte una pista y un consejo.

Ahí va de nuevo, dice el Guerrero. Decididamente, este maestro no es como los otros. *¿Por qué no dar la respuesta?* le dijo al matemático.

- *La curiosidad es la clave del aprendizaje. Si te dijera la solución demasiado pronto, dejarías de pensar por ti mismo y de progresar; rompería el resorte de tu aprendizaje.*

El guerrero meditó por un momento sobre este vínculo entre la curiosidad y el aprendizaje. Interesante, pensó, tendría que implementar este vínculo en mis interacciones con mis discípulos.

Este hombre obtiene resultados diferentes porque usa métodos diferentes. Si usara los mismos métodos que todos los demás, tendría los mismos resultados que todos los demás en casi todos los sentidos.

Así que reconsideró la situación y se dijo a sí mismo que lo que veía como una pérdida de tiempo el haberse topado con este matemático algo extraño era ciertamente una bendición. Los que no son como nosotros son los que más pueden aportarnos.

- *Estoy escuchando*, respondió finalmente.
- *Bueno, el barco tiene 23 metros de largo*, dijo el sabio con una mirada pícara, seguro de su pequeño efecto.

- *¡Ahí va de nuevo!* dijo el guerrero.
- *¡Esa es tu pista!*
- *¿Puedes darme el consejo?*
- *¡Baja al puerto, tal vez conozcas a este famoso capitán!*

- Se burla de mí, cree el guerrero...

Después de un momento de vacilación, saluda al viejo con una sonrisa en su rostro y se va, en realidad un poco molesto por haber perdido su tiempo... al menos eso cree en ese momento.

- *Vuelve a mí con la respuesta*, dice el sabio.
- *Nada es menos seguro*, responde el guerrero, quien, si por desgracia tiene algunos defectos, al menos intenta no mentir.

Y aquí está el guerrero bajando de la montaña. Al llegar al valle, duda sobre qué hacer: ¿Ir a la derecha para bajar al puerto o volver directamente a casa?

Finalmente decide aclarar esta historia y llega a los muelles. Hacía mucho tiempo que no iba allí. Y justo ahora, un gran barco está maniobrando para entrar al puerto.

El guerrero se da cuenta de la habilidad del capitán y su tripulación. En quince minutos ataron sus amarras al muelle. Los marineros están ocupados bajando la carga: barriles de alcohol y bolsas de arroz. El capitán está en la cubierta de su barco viendo a sus hombres trabajar.

El guerrero quiere saber más sobre este hombre. Se acerca a la nave y llama al capitán:

- *Deseo subir a hablar con usted, ¿es posible, ahora que la maniobra ha terminado? Sólo serán unos minutos, es para saber cómo llegar a ser capitán.*

El guerrero sabe que los hombres desconfían por naturaleza de sus semejantes, especialmente cuando son hombres de influencia.

Rápidamente quieren saber con quién tratan y qué quieren, es por eso que el guerrero ha dado tantas explicaciones sobre su deseo de ascender. Aclarar sus intenciones tranquiliza a muchos y también el tiempo que llevará.

- *Sube, pero sólo puedo darte unos minutos, diez como mucho, todavía tengo muchas cosas que hacer.*

El Guerrero sube a bordo rápidamente. Ahora está hablando con el capitán. Y de la discusión sale la luz. El guerrero ahora sabe la edad del capitán, bueno, más o menos.

Feliz, baja y monta a horcajadas en su caballo, azota su montura con la alegría del descubrimiento y va pronto de vuelta al sabio.

¿A qué debo el honor de una segunda visita en el mismo día? pregunta el hombre con un poco de picardía.
- *Deseo discutir con usted sobre la edad del capitán.*

- *Vamos, hablaremos con una taza de té. Sabía que volverías.*

- *¡Diría que tiene unos treinta años!*
- *Muy bien, comparto su opinión. ¿Y cómo llegó a esta deducción?*

- *Después de hablar con el capitán, me dijo que para transportar animales o cualquier otra cosa en un barco de más de quince metros de largo, se necesita un permiso especial. Sólo se emite si el titular es mayor de 23 años. Como el barco del capitán tiene 20 años, eso descarta la posibilidad de que sea menor de 23 años. Y como la licencia se retira después de los 63 años, la edad máxima de ejercicio es, por lo tanto, obligatoriamente entre 23 y 63 años.*

- *Es verdad, dice el sabio. Pero sin haberlo discutido con este hombre se podría haber deducido: un niño no puede conducir, ni un anciano. Esto ya excluye un montón de posibles valores para alguien con una simple licencia marina.*

El Guerrero de la Luz entiende mejor su error. Si quieres ser demasiado exacto desde la primera vez, te arriesgas a quedarte atascado y no hacer nada, porque crees que te falta información. Esto puede llevar a un gradual alejamiento de la meta y a perder buenas oportunidades.

- ¿Pero por qué exactamente 30 años? pregunta el matemático.
- El hombre también me dijo que la licencia rara vez se expedía antes de los 25 años. Así que es poco probable que nuestro hombre tenga menos de 25 años.

Dijo que los comerciantes prefieren confiar en hombres experimentados. Finalmente, añadió que era difícil tener tanto el dinero para comprar un barco como encontrar clientes que confiaran en los recién llegados. Los capitanes bien establecidos de su lado tenían el lujo de poder elegir a sus comerciantes. Y cuanto más tiempo pasaba, menos animales llevaban, porque era toda una historia. En primer lugar, se soltaban en el barco y era muy difícil lavar todo después. Detendría la nave por unas horas más para prepararla para la siguiente carga, especialmente si era comida.

Y entonces los animales a veces entraban en pánico, especialmente cuando el clima era malo. Luego se peleaban entre ellos o incluso arremetían contra los miembros de la tripulación. Esto dio lugar a muchos naufragios. Como resultado, sólo los nuevos capitanes seguían llevando animales.

Por lo general, toman 10 años para hacerse un nombre en este negocio. Así que considerando que obtuvo su licencia a los 25 años como mínimo, y que a los 35 ya no estaría transportando ganado, deduje que su edad más probable era alrededor de los 30 años.

- Muy bien, dijo el sabio, has razonado bien. No sabemos cuántos años tiene realmente este capitán, porque no tenemos toda la información, ¡pero que no tengamos toda la información no significa que no sepamos nada! ¡Algunas cosas son posibles y otras imposibles!

Así que, por lógica, estadística o intuición podrás distinguir una de otra. La lógica no siempre te permitirá alcanzar la verdad en tu corazón, pero al menos te permitirá acercarte a ella. Serás como un hombre sin sus gafas que sin ver perfectamente puede todavía distinguir formas y puede caminar en la dirección correcta.

En cuanto a tu intuición, tienes que trabajarla y nutrirla abrazando situaciones similares o procediendo por analogía, tu cerebro inconsciente te dará la respuesta cuando estés relajado.

El guerrero le hizo una pregunta al sabio: - *¿Cómo sabías que volvería?*

- Esta es una verdad estadística. Aplico a mí mismo las verdades que enseño; eso es lo que distingue a los Maestros de los recitadores. Así que lo sabía, porque conozco la ley estadística que subyace a tu comportamiento.
El que vuelve tres veces al mismo problema vuelve una cuarta vez. Esto es cierto en el 90% de los casos... Digamos que lo supe el 90% de las veces... ¡Esta probabilidad es más que suficiente para formarse una opinión!

Bajando de la montaña, el guerrero meditó todas sus palabras.

Se dijo a sí mismo que su alcance era extremadamente vasto y que le tomaría un tiempo considerable aplicar la sabiduría escondida en lo que había experimentado; la edad del Capitán era sólo secundaria.

Lo principal estaba en otra parte y especialmente ante él: ¿qué haría con todo lo que había aprendido?

69) Una palabra final

Este libro es más profundo de lo que parece a primera vista. Por eso invito al lector, con suave insistencia, a releerlo varias veces; no necesariamente en sucesión, aunque no es una mala idea, sino con unos días o incluso semanas de diferencia. Su lectura le parecerá cambiada. Verá nuevos significados en lo que había leído antes.

A menudo le espera un estreno. Le parecerá que ciertos pasajes han sido añadidos, por una mano invisible.

A veces será al revés. ¡Una parte, o un mensaje que le parecía importante será relevado y cubierto por otro!

Que cada vez que medite, y mejor aún, que escriba estas meditaciones y reflexiones, así es como se beneficiará más.

¿De dónde viene este misterio?

Así como el Sol (inteligencia) no siempre produce los mismos reflejos en el mar (nuestra alma o nuestra vida), he asociado las palabras, como un pintor asocia los colores para que algunos vean el verde, cuando otros ven el azul, o el amarillo en lugar del verde, o viceversa.

Dependiendo de su posición, dependiendo de la iluminación (de su alma), a veces se inclinará hacia un color y a veces hacia otro. Ninguna de las dos cosas es más o menos cierta que la otra. Ambas son verdaderas en el momento en que se perciben.

Así, como un pintor que utiliza una paleta casi infinita, el sol no siempre brilla de la misma manera y el mar no siempre es el mismo, por lo que los reflejos cambian.

Sea oro o plata, sea más claro u oscuro, la vida fluye y la pintura cambia. Obsérvela cambiar, aprecie la belleza de esta dinámica creación y disfrute del viaje...

70) Invitación

El lector que lo desee puede escribir a la dirección: **leguerrier.delaluz@gmail.com**

para dar sus impresiones, pensamientos y sentimientos sobre estas historias.

También puede decir simplemente los cinco, seis, siete, ... diez cuentos que más le gustaron y por qué no, los que no le gustaron.

También se le invita, si lo desea, a participar en la segunda obra que ya está en preparación, proponiendo uno o más cuentos, dibujos ilustrativos o simplemente una frase que le gustaría que dijera el guerrero.

Los nombres de quienes propusieron las historias, ilustraciones y frases seleccionadas pueden aparecer (o no, según su deseo) en el libro.

Agradecimientos

Me gustaría agradecer a Sandra LOUISE y Libia FERGUSSON-ALVAREZ por su traducción al español.

Agradezco sus correcciones, observaciones, mejoras, comentarios y consejos a: mi madre, Marie-Noëlle AUBRY, mi abuela, Ginette SALINIERE, mis hijos, Ludovic, Anthony y Laurence, mi suegra, Lucette LEMAIRE, mis tías, Maryvonne SALINIERE, y Chantal LUCIDE, mi prima, Olivia SABIN.

También me gustaría agradecer a todos aquellos que no he mencionado y que, en gran número, hicieron posible la concepción y producción de este libro a través de su apoyo, amabilidad y aliento.

Finalmente, mis pensamientos se dirigen a los hombres que me han servido de modelo:
Mi padre, Guy AUBRY, mi abuelo, Serge SALINIERE, mis tíos, sobre todo Frantz SABIN... todos guerreros de la luz...

tabla de contenido

Prólogo 8

Introducción 13

1) Luchar con el Maestro o la necesidad de enfrentar los propios miedos. 16

2) El fuego encendido por los niños o cómo llevar a cabo cualquier proyecto con entusiasmo, medida y perseverancia 19

3) Fuerza de convicción y belleza 21

4) ¿Ser o parecer? 24

5) El Gato y los pajarillos o cómo elegir la estrategia correcta 25

6) A veces tienes que guardar tus secretos 26

7) Elegir los oponentes adecuados 27

8) La intimidad lleva a la simplicidad 28

9) La reina en el ajedrez o tienes que conocer tu principal arma en la vida 29

10) El amor y el manejo de la espada 30

11) La flor - la abeja y la estrella o por qué no se debe recoger una flor innecesariamente 31

12) Los problemas son oportunidades de crecimiento 33

13) Semilla y cosecha - Una invitación a la paciencia 34

14) Preparar una lámpara cuando sea de día - Invitación a la acción. 35

15) El laberinto 36

16) El guerrero y la batalla de corazones ... 38

17) El guerrero sólo se encarga de sembrar 39

18) Respire profundamente. 40

19) El guerrero busca derrotarse a sí mismo 41

20) El guerrero en el mostrador de vuelo o la verdadera riqueza 42

21) Cada reino dividido colapsa 44

22) El guerrero busca el significado de su vida en los signos, la fecha de su bautismo y otras cosas 45

23) El Guerrero de la Luz y la Paciencia - El que es orgulloso se impacienta con todo 48

24) El guerrero cultiva sus fuerzas como uno cultiva su jardín 49

25) El guerrero a veces se enfada 50

26) El discípulo y el elefante 51

27) El miedo es necesario o cómo el guerrero ve el miedo 53

28) El guerrero cura su cuerpo y su alma ... 54

29) Dejemos el pasado en el pasado por ... 55

30) El discípulo y el reflejo en el lago 56

31) Como la flor que se convierte en fruto, el guerrero se transforma. 58

32) El ladrillo, el muro y la catedral 60

33) La emboscada o saber de lo que eres capaz 62

34) Los golpes deben ser impredecibles o astutos al servicio de la vida. 64

35) El guerrero mira detrás de él para avanzar mejor 65

36) ¡El guerrero ha logrado su sueño o tienes que soñar en grande! 68

37) La perseverancia construye grandes cosas o cómo introducir pequeñas rutinas positivas en tu vida diaria que marcarán una gran diferencia a largo plazo sin esfuerzo. 69

38) Collares, brazaletes y virtudes o que cada uno haga lo que le gusta o en lo que sobresale. 70

39) Importancia de la palabra 74

40) El guerrero está haciendo una fiesta para celebrar sus victorias... 75

41) El guerrero camina con su ángel, pero no sólo eso... 76

42) El portaviones 77

43) ¡El Guerrero se niega a luchar! 81

44) La miga de pan 83

45) La escolta de la princesa o la fuerza que viene en ayuda del que ama el bien 84

46) El guerrero prepara cada batalla, pero no sólo eso 90

47) El guerrero comparte su comida 91

48) Un solo disparo no es efectivo 93

49) El problema es una invitación 94

50) El guerrero, su belleza y sabiduría 95

51) El guerrero ordena sus golpes 99

52) El guerrero agradece los deberes que debe cumplir 100

53) La fuerza y la debilidad 101

54) Vivir la vida intensamente con el riesgo de salir herido 103

55) Todo está vinculado. El amor, la paz y la luz unen sus fuerzas.. 105

56) El guerrero se niega a morir sin entregar su melodía... 106

57) No hay necesidad de romper el cuadro. 107

58) Todavía existe el pecado de la gula 108

59) El guerrero propone el camino o elige cruzar el mundo con un corazón puro y ligero...... 111

60) El guerrero se ríe de buena gana o mantiene el corazón de un niño 113

61) Algún día pasará a través del espejo .. 114

62) Paseo por la orilla del mar o cómo se puede cambiar la historia 116

63) No todo está logrado 118

64) Peleando con el maestro o cómo convertirse en un maestro después de ser un discípulo... 121

65) El fuego encendido por los niños o cómo llevar a cabo cualquier proyecto con entusiasmo, medida y perseverancia............... 129

66) La perseverancia construye grandes cosas o cómo introducir pequeñas rutinas positivas en la vida diaria que marcarán una gran diferencia a largo plazo, sin esfuerzo. 132

67) El discípulo y la reflexión en el lago O cómo encontrar la inspiración............................ 135

68) El Guerrero de la Luz y el Matemático 143

69) Una palabra final 154

70) Invitación 156

Agradecimientos....................................... 157